ENTREPRENEURIAL COGNITION

EXPLORING THE MINDSET OF ENTREPRENEURS

创业认知

解密创业者的心智模式

[美] 迪安·A. 谢泼德（Dean A. Shepherd） [德] 霍尔格·帕策尔特（Holger Patzelt） ◎著
美国圣母大学　　　　　　　　　　　　德国慕尼黑工业大学

孙金云　于晓宇 ◎等译

图书在版编目（CIP）数据

创业认知：解密创业者的心智模式 /（美）迪安·A. 谢泼德（Dean A. Shepherd），（德）霍尔格·帕策尔特（Holger Patzelt）著；孙金云等译. —北京：机械工业出版社，2020.1

（华章教材经典译丛）

书名原文：Entrepreneurial Cognition: Exploring the Mindset of Entrepreneurs

ISBN 978-7-111-63664-9

I. 创… II. ① 迪… ② 霍… ③ 孙… III. 创业 – 管理心理学 – 研究 IV. ① F241.4 ② C93-051

中国版本图书馆 CIP 数据核字（2019）第 262785 号

Dean A. Shepherd, Holger Patzelt. Entrepreneurial Cognition: Exploring the Mindset of Entrepreneurs.

本书中文简体字版由机械工业出版社出版发行。未经出版者书面许可，不得以任何方式抄袭、复制或节录本书中的任何部分。

本书从认知视角探讨了个体和管理者的先验知识（知识结构）、动机、注意力、自我认同、情感体验等对抓住商机并进行创业所产生的影响，不仅为创业实践者和学者提供了很有借鉴意义的总结，还为未来的研究提供了若干方向。在当今多变、高度竞争和动态的商业环境中，本书希望能在个体和管理者如何凭借自身能力识别并成功利用机会方面，对未来的相关研究和创业实践有所启迪。

本书适用于个体创业者、企业管理者及管理类相关专业在校学生。

出版发行：机械工业出版社（北京市西城区百万庄大街 22 号　邮政编码：100037）

责任编辑：杜　霜　　　　　　　　　　　　　责任校对：殷　虹

印　　刷：三河市宏图印务有限公司　　　　　版　　次：2020 年 1 月第 1 版第 1 次印刷

开　　本：185mm×260mm　1/16　　　　　　　印　　张：10

书　　号：ISBN 978-7-111-63664-9　　　　　　定　　价：59.00 元

客服电话：(010) 88361066　88379833　68326294　　投稿热线：(010) 88379007
华章网站：www.hzbook.com　　　　　　　　　读者信箱：hzjg@hzbook.com

版权所有·侵权必究
封底无防伪标均为盗版
本书法律顾问：北京大成律师事务所　韩光 / 邹晓东

Foreword | 译者序

不畏浮云遮望眼，自缘身在最高层

（一）解码中国男足的心智模式

博拉·米卢蒂诺维奇（Bora Milutinovic）是迄今为止唯一一位带领中国男足国家队打入世界杯正赛的教练。他曾担任墨西哥国家队的主教练，并在1986年世界杯率领墨西哥国家队首次打入八强。之后，米卢担任哥斯达黎加队主教练，并带领哥斯达黎加队在1990年意大利世界杯上创造了进军16强的神话。1994年，米卢率领美国队首次进军世界杯16强。1997年，米卢率领墨西哥队成功获得法国世界杯的入场券。1998年法国世界杯，米卢率领尼日利亚队成功打入16强。至此，他成为世界足球史上唯一一位连续四届率领不同的国家队进入世界杯16强的"神奇教练"。2001年，米卢率领中国国家队圆了44年的世界杯之梦，首次进军世界杯正赛。

与中国男子足球队多次在世界杯预选赛遭遇"黑色三分钟"相比，米卢率领的国家队在世界杯预选赛表现比较稳定。即便在正赛，队员们的表现也可圈可点，面对当届世界杯冠军巴西队、季军土耳其队及在2014年巴西世界杯打入八强的哥斯达黎加队，中国足球队仅以0∶4、0∶3、0∶2输给三支球队，并未像球迷所担心的那样表现得那么脆弱（同届世界杯德国8∶0胜沙特阿拉伯，2010年南非世界杯葡萄牙7∶0胜朝鲜，2014年巴西世界杯半决赛巴西1∶7负德国）。

我一直琢磨米卢作为主教练到底做对了什么。

和中国本土的主教练相比，他应该没有本土教练那样了解中国的足球体制和环境，没有那么了解中国队员在赛场内外的爱恨情仇，没有经历中国男足若干次"黑色三分钟"的刻骨铭心或者试图"翻盘"的励精图治；和其他国外教练相比，他似乎也没有执教五大联赛顶级球队的赫赫战绩（如何塞·安东尼奥·卡马乔曾9次获得西班牙足球甲级联赛冠军，马尔切洛·里皮曾5次获得意大利足球甲级联赛冠军），以及规模庞大、体系健全的教练组，或者令人发指的高薪（2011年卡马乔团队的年薪为税后450万欧元）。但他也像中国本土教练或国外大牌教练一样，非常强调战略、竞争对手、体能、临场指挥应变等。

与中国本土教练或国外大牌教练相比，他做的三件事情尤其令人印象深刻。首先，米卢将"快乐足球"的理念带给中国足球。当时，这个理念很难被队员、其他教练、球迷接受，甚至许多人调侃"总输球，怎么快乐起来"。即便如此，米卢仍然非常坚持"快乐足球"的理念，将"态度决定一切"挂在嘴边甚至戴在头上，将"快乐足球"的理念融入日常训练之中，和队员们踢着"网式足球"，开着玩笑，即使在四国赛首场失利后也没有对队伍进行大的调整。"当时很多人都说我的训练是在玩，其实我是一直在进行有针对性的训练，那时候最重要的就是要调节队员们的心态""要用不断的比赛和经常性的输球来让国脚们学会平静看待比赛结果"，因为"只有你真正享受训练、享受比赛，你才能发挥出最好的水平"。

其次，米卢和媒体、记者良性互动，让球队更加透明，让球迷、社会受众等对国足有一个合理、稳定的预期，营造一个更有利于球队发挥的舆论环境。他非常审慎地选择与球员沟通的时机和地点，"我不喜欢公开指责球员，因为我认为这些问题更应该留在更衣室，由队员与教练去沟通，而不是交给媒体"。刘建宏回忆和米卢的接触，认为"他最大限度地和媒体沟通，并且通过媒体去影响球迷、受众"。"纵观过往20年，真正能让中国队轻装上阵"，帮助"队员克服大赛紧张情绪"的主教练，"唯米卢一人"。

最后，他特别强调团队的理念，并像一个医生一样解决球队内部的诸多矛盾和冲突，包括他和郝海东之间、他和孙继海之间、他和五位大连队的球员之间，以及郝海东和范志毅之间的矛盾等。他毫无征兆地选择马明宇作为球队队长，而非范志毅或郝海东；他参加大连球员张恩华的婚礼，和孙继海等冰释前嫌；他对炮轰自己理念的郝海东做出妥协，并调和了郝海东和范志毅之间的矛盾。无论他是如何做到这些的，他确实令优秀的"刺儿头"球员和球队相融合，让团队发挥较高的效能。

本书作者谢波德在前言中分享了他指导女儿所在垒球队的经历："我教会了她们一些自我调节情绪的方法。就像所有的体育教练一样，我和其他教练告诉队员们要全神贯注。有些方法（尽管并非全都有效）能够帮助她们将注意力集中到那些关键事件上。我们努力帮助每个女孩都能够找到或发展她在球场上擅长的位置以及在球队中扮演的身份。有趣的是，我们见证了球队在比赛中的成长，队员们已经从比赛开始的手足无措变得最终能够抛出球并对比赛游刃有余。"

两个人的经历何其相似。如果一定要指出米卢作为主教练到底做对了什么，应该是他洞悉足球队员（考虑到他辉煌的战绩，他的洞察并不局限于中国足球队员）的心智模式和团队认知的复杂性，以及这些个体和团队心智模式如何塑造了队员的行为和他们的最终表现。简言之，米卢解码了中国男足的心智模式，让队员表现正常，没有超常，也没有失常。

（二）对高质量的创业，重要的不仅仅是做对什么，更是如何思考

足球运动是非常类似于创业的一种活动，需要资源（要有优秀的球员，要有维系球队运转的资金），需要团队（队员之间的配合、信任、默契都很重要），需要机会（队员必须能迅速识别、评估、开发瞬息万变的机会），需要即兴发挥（足球运动员和

艺术家亦有相通之处），需要资源配凑（不同球员和不同位置的组合常常发挥奇兵的作用），需要战略（要了解竞争对手），需要克服成功带来的自负和失败带来的恐惧（想一想漫长的赛季）。

高质量的创业，面对更多的不确定性，创业者及其团队需要在极短的时间内做出决策。与高水平的足球联赛类似，对创业者及其团队而言，尽管拥有什么或做对什么非常重要，但没有那么重要。我们很难保证在每一次创业过程中的每一个重要时刻都拥有"一手好牌"并且能够"理性"决策。实际上，支撑我们在大多数关键时刻"做对事"的底层逻辑是我们知道人们到底如何思考。

了解创业者如何思考不仅对创业者自身非常重要，而且对创业投资家同样有重要的启发。例如，从经验的角度来看，本书提出"不同类型的经验/知识触发了对不同类型机会的识别"，了解经验/知识和机会类型的关系，有利于创业投资家理解自己为什么对某一类创业项目、某一类创业者"情有独钟"，或自己为什么对某一类创业项目"独具慧眼"。对于创业教育家来讲，了解创业者如何思考也有非常重要的意义。创业教育家如果掌握哪一类经验/知识更容易触动创业机会的识别和开发，就可以在课程内容和形式设计方面提供更有针对性的方案，帮助学员塑造知识结构和体验，进而识别、创造高质量的创业机会；不仅如此，创业教育家亦能理解基于完全理性、完全信息等前提的创业课程对学员的潜在危害。对于政策制定者来讲，理解创业者如何思考也有重要的意义。政策和制度是思维和行为的边界，政策和制度多大程度释放或禁锢创新创业的活力，保护或是破坏社会运行的效率和底限，很大程度上取决于政策制定者能否像米卢一样解密创业者的心智模式。友好的创业制度不会一蹴而就，创业政策也不能一厢情愿。

（三）我思故我在，我即我所思

如本书的两位作者所言，这本书试图在对以往研究成果汇总、总结和反思的基础上，构建起完整的创业认知图景。具体地，本书致力于诠释"创业者是如何思考的"，这个问题可以延伸为"人们在高不确定性的环境下如何思考"。这个问题对这个时代的每一个人都非常重要。不仅因为这个时代的最大特征就是不确定性的激增，还因为思考本身就是我们存在的环境和方式。

笛卡儿提出"我思故我在"这一哲学命题，意味着思考是我们存在的唯一证据。他认为一切都可怀疑，无论"我听"或者"我看"都不意味着"我在"，唯一可以确定的事就是思想的存在，因为当人怀疑思想时，思想就已存在。联想"庄周梦蝶"等典故或者《盗梦空间》等影片，人们确实有理由质疑那些感知到的"客观世界"是否一定存在。思考或思考模式的重要性不言而喻。

如果将个体比喻成一台电脑，那思维模式就应该是电脑的操作系统。面对同样的客观世界，操作系统决定了个体采集哪些信息，并对这些信息做出不同的处理，涌现不同的内心体验或者体现不同的外界反应。如果我们不够了解我们是如何思考的，我们往往会受到自身认知或者思维模式的遮蔽，这些遮蔽会导致我们错失良机，也会使我们遗漏身边最值得珍惜的事物。《孟子·离娄上》嘱咐人们"行有不得，反求诸己"，《论语·学而》嘱咐人们要"三省吾身"，王阳明龙场悟道"此心俱足，不假外求"，这都是警诫人们要观察、理解并修复自己的思维模式。

这本书从经验、动机、身份、注意力、情绪等方面解码了创业者的心智模式，哪怕不是创业者的读者也能从本书得到启发。如果我们能理解自己如何思考，就更有可能坦然接受并享受经历的一切，如此，才能做最好的自己，亦如米卢预测的那样，"发挥出最好的水平"。

（四）致谢

本书作者之一谢泼德教授是全球创业研究领域最具影响力的当代学者之一。我们两位译者均与他有过多次交流。其中，于晓宇教授与他第一次交流是在2010年冬天，彼时恰从事创业失败相关研究，因此向他发邮件征询意见，他给了积极的肯定和宝贵的建议，鼓励将心理学尤其是社会心理学的一些理论引入创业研究，为创业活动各个场景提供更为有益的解释。2014年，于教授又和谢泼德在AOM（美国管理学年会）见面交流，他已经将创业失败相关研究拓展到公司创业、家族创业、创业教育等方方面面，在顶级期刊发表文章无数，故我们猜想他不仅解码了创业者的思维模式，还顺手解码了评审人和期刊主编们的思维模式。于教授和合作者多年一直从事创业失败相关研究，很大程度上得益于本书两位作者的高产和作品的启发。相信本书对于长期耕耘于微观创业研究的学者，也大有裨益。孙金云副教授多年来从事创业导向、创业认知相关研究，经合作者卢翠翠教授（她亦是谢泼德教授的同事）介绍，经常探讨与创业认知相关的理论话题以及交流彼此的学术进展，亦获益颇多。在看到这本书原著的时候，我们深感内容前沿、思想深刻，经谢泼德教授授权及鼓励，立即组织力量开始了本书的翻译。

我们感谢复旦大学孙金云教授团队（研究生谢玉、郑恬依、夏明浩、张子菲等）和上海大学于晓宇教授团队（研究生闻雯、张益铭、马月异、吕泽远、渠娴娴、陈玮玮、吴祝欣、曹港、姜晓韵、逯畅、张铖等）参与翻译了本书，并根据反馈和建议对译文做了修缮和校订。在此，我们对参与翻译的研究生同学和给予反馈的学界与业界同人表示诚挚的感谢。

研究创业者如何思考是两位作者花费了20多年时间探索的主题，但本书仍只是阶段性的归纳和提炼。略有遗憾的是，较少有人将这些理论用于指导国足等实践领域。不过，这也意味着创业认知还有许多需要探索的空间和激动人心的课题。因此，尽管我们两位译者花费了许多时间，但我们思考的共识是这本书应该会给创业者和创业领域的学者带来一些启发，"不畏浮云遮望眼，自缘身在最高层"，跳出创业看创业，才能充分享受创业和研究创业的"鲜花"与"泪水"。

孙金云　于晓宇

2019年7月2日

Preface | 前言

"你对垒球了解多少？"我女儿问道，因为她希望说服我（作者之一迪安·A.谢泼德）辞去在她所在的垒球队中担任的助理和一垒教练的职务。我承认，在过去的两年里，我也问过自己同样的问题，但我告诉她，或许我掌握的一些关于如何思考的方法会对女队员们和整个团队有帮助。在过去的几个赛季里，队员们总是直白地宣泄着她们的情绪，以至于队员的一次错误（如三垒出局）会引发消极的情绪反应（如流泪），进而引发更加强烈的消极情绪并扩散给团队的其他成员，导致球队的成绩螺旋式下降。

我和队员们一起探讨了比赛中出现的一些常见错误，向她们解释说错误是学习的重要源泉，并教会她们一些自我调节情绪的方法。就像所有的体育教练一样，我和其他教练告诉队员们要全神贯注。有些方法（尽管并非全都有效）能够帮助她们将注意力集中到那些关键事件上。我们努力帮助每个女孩都能够找到或发展她在球场上擅长的位置以及在球队中扮演的身份（这有时会导致身份冲突，因为我们要求一些女队员为了球队的利益担任她们非首选的位置）。有趣的是，我们见证了球队在比赛中的成长，队员们已经从比赛开始的手足无措变得最终能够抛出球并对比赛游刃有余。

有时候女队员们会超常发挥，但有时也会打得一塌糊涂，我和其他教练总是希望能够激发前者并消灭后者，但我们从未能完全掌握这个"秘诀"。不过，我们的确发现，相较于表现得很"专业"或感到厌倦时，在放松的、精力充沛的情况下，她们表现得更加突出。这种放松的状态可以通过热身时的暖场音乐和比赛开始前的啦啦队舞蹈激发出来（我也会参加啦啦队的舞蹈，但是我女儿觉得很尴尬，因为我跳得实在是太难看了，就好像一个完全没能逗笑观众的喜剧演员那么无趣）。

后来，我听从了女儿的建议，在本赛季停止执教。通过这两年与女队员们的相处，我认为能够将一些知识引入球队的认知（无论是个人认知还是团队认知）发展中。从她们身上，我了解到人们思考方式的差异和团队共同认知的复杂性，并且我意识到帮助人们调节自己的情绪并非易事。

不过这本书不是在介绍女子垒球队的思想、感情和行为，而是在介绍参与创业活动的个人的认知，而这也是我和霍尔格·帕策尔特研究了20多年的主题。

美国圣母大学　迪安·A.谢泼德

德国慕尼黑工业大学　霍尔格·帕策尔特

目录 | Contents

译者序
前 言

第1章 概要 /1

第2章 先验知识和创业认知 /4

  2.1 先验知识和机会识别 /4
  2.2 支持和改善自然环境和社区环境的先验知识和机会 /6
      2.2.1 自然环境和社区环境知识 /7
      2.2.2 社会问题的先验知识 /8
      2.2.3 创业知识：整合行动 /8
  2.3 知识、创业和他人的健康 /8
  2.4 减轻他人灾后痛苦的先验知识与机会 /10
  2.5 国际知识和国际化机遇 /11
      2.5.1 联盟伙伴 /12
      2.5.2 风险投资公司 /13
      2.5.3 邻近企业 /14
      2.5.4 国际市场的内外部知识来源 /14
  2.6 知识、认知过程和机会识别 /15
      2.6.1 连接已有知识与新知识的结构整合 /17
      2.6.2 先验知识在结构整合过程中的作用 /20
      2.6.3 机会性质和结构整合过程的差异 /21
      2.6.4 收敛和发散变化的协同影响 /21

第3章 动机和创业认知 /25

3.1 动机与机会识别 /25
3.2 经济回报 /26
3.3 经济回报、先验知识和机会识别 /27
3.4 创业激情 /28
3.5 恐惧激励创业或不创业 /28
3.6 恐惧、激情和创业行动 /31
3.7 保护自然和社区的创业动机 /32
3.8 推动社会发展的创业动机 /34
3.9 健康和创业动机 /36
3.10 创业动机与他人健康 /38
3.11 创业动机与破坏自然 /39
  3.11.1 创业自我效能 /40
  3.11.2 感知的行业宽裕性 /41
3.12 个人价值观与创业动机 /42
  3.12.1 自我提高者 /44
  3.12.2 对变化持开放性态度者 /44
  3.12.3 自我超越者 /45
  3.12.4 保守者 /45
3.13 坚持创业行动的动机 /46
  3.13.1 个人沉没成本推进持久性 /46
  3.13.2 个人自我利益 /46
  3.13.3 个人机会 /47
  3.13.4 保持一致性常规 /47
  3.13.5 先前的组织成功 /48
  3.13.6 感知到的集体效能 /48
3.14 外在动机 /49

第4章 注意力和创业认知 /51

4.1 短时注意力和机会识别 /51
  4.1.1 高层次的自上而下的注意力分配和环境变化识别 /52

4.1.2 低层次的自上而下的注意力分配（包含较多自下而上的处理）和环境变化识别 /54

4.1.3 管理者的任务要求和自上而下的注意力分配 /54

4.1.4 知识结构复杂性与环境变化识别 /56

4.2 对早期探索的关注和机会评估速度 /56

4.2.1 经验和管理者的注意力 /58

4.2.2 标准操作程序和管理者的注意力 /58

4.2.3 信心和管理者的注意力 /59

4.3 关注业绩不佳的创业项目 /60

4.3.1 团队成员的关注和项目终止 /60

4.3.2 管理者的注意力和项目终止 /61

4.4 集中创业者注意力的元认知 /62

4.4.1 目标取向 /63

4.4.2 元认知知识 /63

4.4.3 元认知体验 /63

4.4.4 元认知选择 /64

4.4.5 监测 /64

4.4.6 学会元认知式思考 /65

第5章 创业者身份 /67

5.1 独特性 /67

5.2 归属感 /68

5.3 最优独特性理论 /69

5.4 创业者身份的独特性 /69

5.5 创业者的最优独特性与心理健康 /72

5.6 管理微观身份的分化策略和整合战略 /74

5.7 身份边界、身份协同和管理策略 /77

5.7.1 微观身份的分化 /80

5.7.2 微观身份的整合 /80

5.8 工作角色、组织认同和分离性转变 /81

5.9 第一步：身份基础 /83

5.10 创伤、身份变化和创业者的职业动机 /85

5.11　能力转移 /86
5.12　创业是身份扮演的一种手段 /87
5.13　陷入低谷并认识失去的身份 /88
5.14　认知解构与身份丧失的逃避 /89
5.15　通过身份扮演从身份丧失中恢复 /90
5.16　公开身份扮演的规范 /92
5.17　家族企业与加速的创业过程中的身份冲突 /95
5.18　身份、身份冲突和新创企业 /96
5.19　家族企业角色认同的元身份视角 /98
5.20　家庭、企业、机遇和身份冲突 /99
　　5.20.1　不会导致身份冲突的机会 /99
　　5.20.2　与过去相似引发的身份冲突 /100
　　5.20.3　与过去不同引发的身份冲突 /100

第6章　情绪和创业认知 /102

6.1　积极情绪与创业认知 /102
　　6.1.1　和谐式激情与创业者的机会利用 /103
　　6.1.2　强迫式激情与创业者的机会利用 /104
　　6.1.3　与工作无关的兴奋的调节作用 /105
6.2　管理者的情绪表现与员工的创业意愿 /106
　　6.2.1　信心表现 /108
　　6.2.2　积极的情绪表现 /108
　　6.2.3　消极的情绪表现 /109
　　6.2.4　管理者情绪表现的调节作用 /110
6.3　消极情绪、情感承诺和从经验中学习 /111
　　6.3.1　创业项目失败与消极情绪 /113
　　6.3.2　项目失败、能力需求和消极情绪 /114
　　6.3.3　项目失败、自主性需求和消极情绪 /115
　　6.3.4　项目失败、相关性需求和消极情绪 /116
　　6.3.5　消极情绪与从项目失败中学习 /116
6.4　通过正常化进行智慧失败管理 /118
6.5　应对导向和项目失败 /120

6.6 悲伤、应对自我效能感和后续创业项目 /123

6.7 自我同情、消极情绪，以及从项目失败中学习 /126

  6.7.1 自我友善、消极情绪，以及从项目失败中学习 /127

  6.7.2 共同人性与从项目失败中学习 /128

  6.7.3 正念和从项目失败中学习 /129

第7章 结论 /131

7.1 知识与创业认知 /131

7.2 动机与创业认知 /134

7.3 注意力与创业认知 /136

7.4 身份与创业认知 /137

7.5 情绪与创业认知 /139

常用术语对照表 /141

第1章

概 要

人们如何思考？通过理解人们的思考方式，我们能够更好地解释他们的行为，特别是人们如何在极端的创业环境下思考，这一话题深深地吸引着我们。创业环境之所以极端，是因为与创业相关的行为可以对个体行为、经济、社区、环境和整个社会产生重大影响。例如，在解释为什么一些人创立了造福社区的企业（Shepherd&Williams, 2014），而另一些人却为了私利而创立危害自然环境的企业（Shepherd et al., 2013）时，我们需要了解人们的认知，即他们的思考方式。创业行为不仅在结果上容易出现极端情况，在相关决策上也同样容易走极端，包括在不确定的、复杂的、有时间压力的、情绪化的和身份投入等情形下的决策。我们认为，研究这些极端情形下的认知情况可以帮助我们推进前沿理论的发展。也就是说，我们能够利用已有的知识体系（包括认知科学、决策和心理学等其他方面的相关文献），对其进行调整、引申，并将其融合成一种能够解释创业认知的新模式。例如，人们如何在高度不确定的环境中做出决策，即在不清楚备选方案可能出现的后果，甚至还不知道有何种备选方案时，他们是如何决策的？这种情况下，人们通常需要快速做出决策（例如，在机会消失之前），并且需要大量认知与情感的投入。同时，这些决策的影响是非常重要的，往往是差之毫厘，谬以千里。

近20年里，我们始终专注于对创业认知的研究。虽然我们已经在创业、战略、管理和心理学等领域的核心期刊上发表了研究成果，但现在我们认为应当暂时停下脚步，在对以往研究成果汇总、总结和反思的基础上，构建起完整的创业认知图景。本书旨在为构建这一图景做出贡献。

创业情境与认知

组织内部运作的环境复杂而多变,通常涉及迅速、重要和间断性的变化(Hitt, 2000)。因此,管理者必须采取有效的策略性行动来应对这些变化,以期保持公司的竞争优势(Ireland & Hitt, 1999; Pérez-Nordtvedt et al., 2008)。个体和组织可以利用这种动态环境中涌现的机会来实现实质性收益(Eisenhardt, 1989; Eisenhardt & Martin, 2000; Sirmon et al., 2007)。然而,从另一个角度来看,这些环境变化的根源、程度和影响的不确定性为识别和利用机会带来了挑战。但是,为什么有些个体和管理者能够在动态环境中识别并成功利用这些机会,而有些人却无法做到呢?

本书认为上述问题答案的关键在于个体的创业心智。创业领域的学者们始终致力于探讨研究"创造'未来'的商品、服务的机会是如何以及被谁发现、创造和利用的,这种利用又会产生何种后果"(Venkataraman, 1997: 120)。具体而言,近20年来,学者们进行了各种旨在更好地解构创业心智的组成、前因及结果的研究。这些研究探讨了个体、团队、组织和环境的特性对创业思维和行动的发展所起到的促进或阻碍作用。本书呈现的是我们对该话题研究的最终结果。在过往的研究中,我们运用了认知视角来理解个体在创业过程中的知识、动机、注意力、身份和情感。

(1)我们进行了一系列研究,探讨了先验知识在创业初始阶段中起到的作用。创业研究中有一个非常重要的问题:为什么有些人能识别出新的商机而有些人不能?我们认为个体知识结构的异质性为这个问题提供了答案。确切来讲,我们想知道不同类型的知识结构如何帮助个体识别出不同类型的机会(如商业的、可持续的、与健康相关的、国际化的等)?创业者不同知识来源(来自创业者内部的和外部的)如何影响机会识别?以及在重要的知识结构类型和知识来源已经确定的情况下,认知过程尤其是结构整合,如何结合先验知识来影响机会识别?在本书第2章中,我们将利用现有研究,从认知科学和创业精神两方面论述上述问题。

(2)除了知识结构外,动机也是创业者识别和利用机会的重要驱动力。我们认为经济回报对创业有激励作用,并探讨了经济收益与先验知识的相互作用机制。但我们也注意到,许多创业者受到非经济动机的驱动。除经济动机外,还有何种动机能够激励或阻碍创业者的行为?有些机会旨在保护自然环境或社区环境并推动整个社会发展,那么是什么类型的动机促使个体利用这些机会?个体的心理和身体健康状况如何影响创业动机?个体价值观又如何影响这种动机?创业之初,是什么促使创业者在遇阻时依然选择坚持?在本书第3章中,我们从多个理论角度探讨了这些问题,以期全面地理解激励创业者发现、利用和坚持各种新机会的动机。

（3）管理和创业研究强调了注意力在创业过程中的重要作用。考虑到注意力是有限的认知资源，如何在与新机会相关的各种环境中的分配注意力才是创业行动的核心。如何引导一个组织中管理者的注意力以帮助他们识别机会？创业者的注意力分配状况如何影响机会评估？又是什么因素驱使管理者关注效果不佳的创业项目？最后，注意力如何影响在发展创业者认知过程中至关重要的元认知过程？在本书第4章中，我们试着回答了上述问题，并阐述了注意力如何引导创业认知这一过程。

（4）心理学研究中的一个重要议题是了解个体如何形成自我认同，即他们如何回答"我是谁？"这一问题。这项研究表明一个有意义的自我认同对于个体的心理机能和幸福感至关重要。创业者要如何形成这种有意义的身份来平衡独特性和归属感，以期最大限度地提高幸福感？除此之外，创业者要如何管理诸如创业者和家庭成员等不同情况下的微观身份？当目前工作身份被破坏时，个体应如何利用创业事业进行恢复？最后，在典型的家族企业中，当创业者身份和家庭身份高度重叠时，创业者应如何有效地应对身份冲突？在本书第5章中，我们利用最优独特性理论和身份认同研究中的其他理论来解决这些问题。

（5）创业往往被描绘成"情绪过山车"，这过程中充满了多重的，有时甚至是极端情绪的起起落落。而心理学家亦早已证明上述情感体验会影响个体认知这一事实。那么，积极和消极的情绪如何影响创业者对机会的识别？管理者所表现的情绪如何影响员工的创业动机？此外，鉴于创业项目的失败常常导致大量的负面情绪，那么这些情绪如何影响团队成员的学习和组织认同感？而这些效应如何受组织环境、个体应对措施和自我同情的影响？在本书第6章中，我们探讨了这些问题，旨在更好地认识情绪对创业认知的作用。

第7章是本书对学者和从业者的借鉴意义方面的总结，并为未来的研究提供了若干方向。希望在当今多变的、高度竞争的和动态的商业环境中，本书能从个体和管理者如何凭借自身能力识别并成功利用机会方面，对未来的相关研究有所启迪。

第2章

先验知识和创业认知

机会识别能力是成功企业家最重要的技能之一（Ardichvili et al., 2003），因此这一话题对创业研究尤为重要。例如，Gaglio 和 Katz（2001: 95）提出：理解机会识别的过程代表着理解了创业领域的核心问题之一。此外，近年来对企业资源基础观的研究开始逐渐把机会识别看作一种能够带来竞争优势的资源（Alvarez & Busenitz, 2001）。不出所料，研究人员的兴趣在于了解个体识别机会的原因、时间和方式，以及为什么其他个体不能识别这些机会（Shane & Venkataraman, 2000）。此外，研究发现，知识——"一个可以为评估和整合新的经验与信息提供架构的对于框架经验、重要价值观、情境信息和专家视角的动态组合"（Davenport & Prusak, 1998: 4）在创业过程中起着关键作用。个体的先验知识和从外部获得的知识如何影响机会识别的过程？不同类型的知识和机会之间是如何相互作用的？在机会识别过程中，知识会触发哪些认知过程？在本章中，我们将深入探讨知识、认知过程和企业家的机会识别之间的关系。

2.1 先验知识和机会识别

迄今为止，创业研究在很大程度上围绕着奥地利经济学派以先验知识为中心的观点进行。奥地利经济学派认为，不同水平的先验知识使得一些个体能够识别某些机会，而其他个体则无法识别（Hayek, 1945; Venkataraman,

1997）。先验知识表示个体对于某一特定主题所了解的独特信息，它能帮助个体识别特定的机会（Venkataraman, 1997; Shane, 2000）。例如，个体通过他们所受的教育（Gimeno et al., 1997）或已有的工作经验（Evans & Leighton, 1989; Cooper et al., 1994）来获得先验知识。个体也通过经验性学习来获得先验知识，包括主动或被动的直接经验、他人经验（替代性学习）或二手经验（Huber, 1991）。NordicTrack 的发明者 Ed Pauls 就是一个典型例证。他充分展现了先验知识是如何促进机会识别的过程的。作为一名热衷越野滑雪的机械工程师，Ed 时常因天气恶劣导致无法滑雪而感到沮丧。但他在沮丧中发现了机会，并利用相关的工程知识与技能开发出室内越野滑雪机。

此前对认知的研究认为，特定领域知识的扩展能够为个体带来重要优势。例如，当个体通过经验获得更多关于某项工作的知识时，他们会变得越来越高效，也就是说，在这种情况下，他们开始将注意力集中在该项工作的关键维度上，这一维度通常也是对决策结果影响最大的维度（Choo & Trotman, 1991）。此外，那些有着更多知识的人似乎更多依赖直觉，凭感觉做出决定，而非通过有意识的思考进行决策（Logan, 1990）。凭借直觉和由此产生的决策通常比系统式的处理更为迅速。

Busenitz 和 Barney（1997）指出，与管理者相比，创业者往往依赖启发法来提高决策速度。如果没有这些启发法，加之机会短暂，创业者将会错失许多机会。此外，一般来说，人力资本是指通过教育获得的先验知识，它能够帮助个体积累和整合新知识，从而开辟一个更为广泛的机会集（Gimeno et al., 1997）。事实上，Davidsson 和 Honig（2003）发现，个体接受教育的时间越长，对其识别新机会的可能性越有着积极影响。通过利用先验知识的相关研究，那些具有更多先验知识的人（与具有较少先验知识的人相比）将更多关注可用信息的最重要方面并且更高效地处理这些信息，从而有利于他们识别更多机会。知识型个体除了对关键信息维度和信息处理效率的提高两方面的关注之外，他们在其思维概念之间形成了更强大、更丰富的联系（Gobbo & Chi, 1986），这种联系反过来又能增强他们识别创新机会的能力。

研究人员发现，先验知识是个体创造力的重要影响因素。Amabile（1997）指出，相关知识或技术"可以被看作一个认知路径集合，即人们用来解决特定问题或完成特定任务的可能路径网络"。此外，Cohen 和 Levinthal（1990: 130）在个体吸收能力的相关研究中重点指出了相关先验知识可以增加创造力的原因："相关的先验知识和技术能够激发创造力，让人们注意到以前未被思考过的联系。"因此，先验知识不仅提高了个体创造更多机会的能力，也增强了他们提高机会创新水平的能力。例如，我们（Shepherd & DeTienne, 2005）在研究中发现，拥有越多关于客户问题的先验知识，就越能识别更多的机会。此外，高知个体所识别的机会往往更具有创新性。这些结果与以奥地利经济学派观点研究创业的人员的观点相符合，也与认知相关文献相一致。然而，这些结果可能不适用于其他类型的先验知识，也不能代表必然的收益。

专业文献的相关研究（例如 Fiske & Taylor, 1991）已经表明，随着个体获得经验的增加，他们的思想可能会陷入思维定式。例如，当个体事先知道如何为市场服务时，他的想法很可能会被已知途径引导，这会使得个体更加难以获得创造性思维，进而更加难以识别创新机会。即使对于经验丰富的决策者来说，这种思维定式也会让他们越来越难以识别新的变量或环境的变化（Tversky & Kahneman,1974）。同时，它们限制了人们"跳出桎梏"进行思考的能力，这让识别更具创新性的机会变得更为困难。这种有限的创造力和受限的机会识别能力对公司业绩产生怎样的影响，似乎取决于现有任务与个人所掌握的知识类型之间的关系（Shanteau,1992）。因此，探索先验知识与机会识别之间关系的创业学者必须仔细区分先验知识的不同类型。

这两种观点都是有可能的，也就是说，先验知识会让人们识别更多的机会，并展示出更高的创新能力，但是随着他们获得更多的经验，一些个体可能会陷入思维定式。事实上，这种相关关系可能是曲线形的，最初，随着先验知识的增多，机会的数量和创新性逐渐升高，随后到达顶点，此后逐渐下降。但这仅仅是预想，我们还需要进行额外的研究来充分理解这些关系。

此外，先验知识和机会识别之间可能并不是一个明确的主效应关系，而是一种更复杂的关系。在进一步分析后，我们发现个体拥有的与客户问题相关的先验知识与机会识别能力之间的关系（至少在某种程度上）取决于他们在完成任务时获得的财务奖励（Shepherd & DeTienne, 2005; Csikszentmihalyi, 1975, 2000; Maheswaran & Sternthal, 1990）。探讨"为什么某些个体（而不是其他个体）可以基于先验知识识别机会"这一问题的确有其价值，但迄今为止先验知识促进机会识别的作用机制仍不明了。有趣的是，若要更好地理解先验知识与机会识别之间的关系，我们可能需要关注某些特定的、可以改善自然和社区环境的潜在机会。接下来我们将进入这个话题。

2.2　支持和改善自然环境和社区环境的先验知识和机会

自然环境被称为"人类物质生活保障的资源和服务来源"（Costanza et al., 1997; Daily, 1997），它包括地球、生物多样性、生态系统以及构成物质世界的各种现象（Parris & Kates, 2003）。如果自然界受到破坏，包括人类在内的许多物种的生存都将受到威胁，在这种情况下，许多个体和团体都已经注意到保护自然环境的重要性。例如，全球情景分析工作组（Global Scenario Group）鼓励世界各地的人们共同保护"地球美景"，其他各类组织也强调了保护开放性绿色空间和自然资源的重要性

（Boston Indicators Project, 2007）。

社区环境是指人们生活的社区，由具有共同历史、规范、意义、价值和身份的人们之间形成的复杂关系网络组成（Etzioni, 1996）。每个社区的文化、群体和地域都有其独特性。如果一个社区的独特性受到威胁，那么这个社区将衰退甚至崩溃。其中，文化在社区环境中起着核心作用，因为"人类有拥有文化的权利——并不特指某种文化，而是他们自己独有的文化"（Margalit & Halbertal, 2004: 529）。因此，将文化作为社会的一种要素保存下来的能力使得社区成员能够更好地发展和保护他们的个人身份。

2.2.1 自然环境和社区环境知识

个体所拥有的关于自然环境和社区环境的先验知识可能会影响他们识别潜在的机会去保护或维护这些环境的能力。例如，对空气和水污染源的了解，能够帮助个体识别使用烤箱从而大量减少家庭中颗粒污染物的机会，以及更加廉价地将污水转化为饮用水的机会（Prahalad, 2007）。此外，关于特定文化的知识为保留这些文化提供了机会（Foley, 2003）。例如，Peredo 和 Chrisman（2006：322-323）曾经指出：

基于社区的企业，是对宏观经济下的社会、法律和政治因素一种兼具适应性与社会创新性的回应，能够给贫困社区带来经济、社会、环境、政治和文化上的影响。社区文化包括自古以来的价值观、实践和先前社区动员中的集体学习成果，可以提升政治、经济等因素为社区所带来影响的有效性和能量。社区能量促进了文化与行动之间的良性循环：社区文化鼓励社区行动的形成，与此同时，社区行动也能促进社区文化和创业精神的发展。

但实际上，对于不了解这种环境和文化知识的个体来说，他们甚至不知道周围是否发生了变化，也不知道这些变化是否会影响人们的生活（Patzelt & Shepherd, 2011）。因此，这些人无法识别保护自然环境和社区环境的机会。

不同个体对于自然环境和社区环境的先验知识存在差异，部分源于他们的教育、生活经历、文化和社会背景之间的差异。例如，专门从事化学研究的人员有着理解臭氧层破坏、空气污染和废水处理等化学过程所需的科学知识。同样，具有生物学专业知识的人员具备污染对水生栖息地的生物影响所需的知识。此外，个体的社会和文化背景可能会影响他们的先验知识和识别机会的能力。例如，保护受到威胁的文化的机会通常会被该特定文化的成员识别（Foley, 2003）。

先验知识的差异性也解释了人们如何将注意力转向自然环境和社区环境的某些特征，以及为何识别保护这些环境的机会的能力有所不同（与 Shepherd & Patzelt, 2011 观点一致）。换言之，人们更可能关注的是与自己具备的关于特定环境的先验知识有关的可持续的机会（与 Shane, 2000 观点一致）。例如，减少温室气体排放和保护雨林都会在一定程度上抵消气候变化带来的消极影响（Tilman et al., 2002），当考虑这个问题时，具有化学背景的个体与具有生物学背景的个体可能会识别不同的机会：化学家更可能将重点放在开发可替代温室气体的新化学物质上；而生物学家则更倾向于保护雨林，比如开发替代材料来生产家具以减少对热带木材的使用。

2.2.2　社会问题的先验知识

有关社会问题的先验知识常常使个体能够识别帮助弱势群体提升经济和非经济收益的机会（Patzelt & Shepherd, 2011）。人们获得这类先验知识的来源有很多，包括教育、工作经历、个人经历和社会经验等。与社会问题相关的先验知识所具有的个体差异解释了为何个体和组织关注的是社会发展的经济和非经济收益的不同方面。当人们站在他人的角度时，他们能更容易通过创造经济和非经济收益来识别帮助弱势群体的机会。在尝试站在他人的角度时，个体会有意识地将自己代入他人的处境，获取有关他人发展需求的信息，并据此了解他人的想法。根据自身已有的有关社会问题的先验知识，个体将以不同的方式处理和使用这些信息，并关注促进群体和社会发展的不同方法。

2.2.3　创业知识：整合行动

除了具备有关自然环境和社区环境以及社会问题的知识，先前的创业知识也往往是识别潜在机会的必要条件。个体具有的自然环境和社区环境的先验知识能够帮助他们对保护或维持环境的机会进行识别，而个体的创业知识则会对上述帮助过程产生影响（Patzelt & Shepherd, 2011）。例如，埃及 Sekem 公司的创始人 Ibrahim Abouleish 意识到减少农药的使用和引入有机农业可以保护埃及的自然环境。Abouleish 之所以能够发现这一特定机会，是因为他在制药行业工作时曾深入了解过医药市场。基于这些独特的知识，Abouleish 认为，有机食品和草药可以商业化种植，并在国内外食品和制药市场上进行交易。因此，Abouleish 将有机农业相关知识与创业知识相结合来保护环境，这种互补性提升了 Abouleish 的先验知识对其发展可持续性机会这一信念的积极影响（Seelos & Mair, 2005; Patzelt & Shepherd, 2011）。

2.3　知识、创业和他人的健康

鉴于健康在人们的生活中扮演着重要角色，研究者们对这个话题充满兴趣。目前已有一些关注健康的研究（例如，创业对人们心理（Tetrick et al., 2000）和生理（Boyd & Gumpert, 1983）健康的影响），以及对生物制药企业的研究（Evans & Varaiya, 2003; Deeds et al., 1999; Patzelt et al., 2008），但这一领域仍有很多研究机会，并能够帮助我们理解创业现象（和人们的生活）（Shepherd & Patzelt, 2015）。当我们使用"健康"一词时，我们指的是身体健康（身体的生理状况）和心理健康（心智状态，包括基本的智力功能）（Ware et al., 1981）。此外，为了确保我们的研究范围是有效的，我们的讨论将仅限于"止于皮肤"的个人健康范畴，从而划分了明确的界限（Ware et al., 1981）。

事先对他人健康问题有所了解的人更加可能找到改善他人健康状况的机会。许多个体在照顾亲人的过程中，亲自处理或熟悉了此类健康问题。直接或间接地体验特定的健康问题，使得个体不仅对问题的具体情况有了深入了解，还使其能够深入了解现有治疗方法以及这些治疗方法的不足之处。这种知识反过来也可以帮助人们认识到潜在性的需求，例如，Han Pham 曾不幸感染了一个不洁的接种针头上的细菌。后来，Pham 在研究生院学习设计时，从以前的针刺事故中获得了启发，并由此开发了 Yellow One 针帽——一个由塑料制成的黄色针帽。针帽堵住了放置废弃针的软饮料罐，从而防止针的掉落。

对某些人来说，直接或间接经历过健康问题可能会使之识别某些机会，但他们可能并不具备实践机会所需的知识储备（McMullen & Shepherd, 2006）。例如，要想利用机会开发新产品以解决某一健康问题，人们可能需要了解特定卫生部门的市场营销、生产和管理的知识以及所需要的资源。再次以 Pham 为例，Pham 发明 Yellow One 针帽的灵感来源于她在研究生院习得的设计知识。开发能够解决健康问题的机会可能是一个重要的情境，在此情境下个体创造并利用创新来解决自身的健康问题，然后（可能是无意地）开始一个可能会开发和利用健康相关机会的过程。这个过程的研究可以建立在用户的创新观念之上（Shah & Tripsas, 2007; Von Hippel, 1988）。这一观点可能对发展健康创业领域有用。

与直接或间接经历过健康问题的个体相比，自身没有遇到过健康问题的个体也可能拥有关于识别和利用促进健康相关机会的知识。例如，有些个体对于用潜在的技术性手段解决健康问题的方案有着深刻理解，如工程师 Dean Kamien。Kamien 意识到许多生活在第三世界国家的人无法获得干净的饮用水。缺乏干净卫生的饮用水会导致严重的健康问题，因为不洁的饮用水中有着大量微生物病原体。尤其是在卫生设施和环境条件较差的情况下，这些病原体每年造成 170 多万人死亡（Ashbolt, 2004）。Kamien 的目标是用他的发明和工程知识来开发 Slingshot 系统，以解决"最大的世界性难题"。Slingshot 是一种小功率便携式系统，能够将水净化至人体可接受的水平。

医学领域的专业人员对不同人群健康问题的全面了解使他们格外有能力找出可能解决（其中一些）问题的机会（Simmons, 2002）。Chatterji 等（2008: 1532）研究了美国医学协会的专利数据。他们发现，1990—1996 年在美国提交的医疗器械专利中有 20% 来自医生。尽管医生也许会为某些人找到机会，但这些最终可能会觉得自己缺乏利用这些机会所必需的知识，从而认为创业行动是不可行的（我们在第 3 章中会讨论动机问题）。

2.4 减轻他人灾后痛苦的先验知识与机会

许多情况会导致人类的痛苦。自然灾害即是其中的典型，其频繁发生，并对许多个体造成伤害。红十字会与红新月会国际联合会报告说，2010 年全世界发生了 406 起自然灾害（不包括流行病和战争）（Armstrong et al., 2011）。这些事件造成的损失总计超过 1 230 亿美元，遇难人数总计超过 3.04 亿（Armstrong et al., 2011）。总体而言，2010 年是受自然灾害影响人数最多的一年。然而，数据显示，自然灾害总是定期地给人类带来重大痛苦（Armstrong et al., 2011）。对于个体而言，痛苦包含"疼痛或失落的经历，它能引起一种苦恼，威胁着个体对自身存在意义的认同"（Dutton et al., 2006: 60; 另见 Sutcliffe & Vogus, 2003）。

许多组织会在自然灾害发生后对受害者进行援助，并帮助灾区恢复。尽管这些组织的确帮助了很多人，但他们通常无法满足所有受害者的迫切需求，因此人们的痛苦仍在继续（例如 Schneider, 1992; Van Wart & Kapucu, 2011）。然而，我的同事和我（Shepherd & Williams, 2014; Williams & Shepherd, 2016）发现，在这种情况下，即在灾害发生后有众多外部资源，但已有组织已经无法缓解痛苦时，当地的创业行为通常是成功的。具体而言，当地企业能够非常有效地进行机会识别以汇集大量资源（通常由未受灾害影响的来源提供），它们也能够高效且快速地向有需要的人提供资源。这种新创企业的有效之处在于：它在当地灾情的驱使下能够迅速出现，并根据受灾区需求的迫切程度进行调整。

在将先验知识作为资源进行研究之前，了解灾害如何改变其他资源非常重要。灾害会大大减少一个地区的物质或其他有形资源的数量，如基础设施、建筑、水、食物和身体健康，因此往往会加深人们的痛苦。灾害会毁掉人们的家园，包括他们的房屋、衣服和财物；破坏社区基础设施；杀死或伤害动物；破坏企业，包括商业建筑、设备和库存；伤害或杀死社区成员。

虽然灾害在当地造成重大损失，尤其是损害了急需的资源，但一些非物质或无形资源可以帮助公益型企业来缓解受害者的痛苦（Shepherd & Williams, 2014）。无形资源构成了社区的社会结构。灾害发生后，社区成员将会保护这些非物质资源。此外，他们有时甚至试图改进它们。例如，在澳大利亚的"黑色星期六"丛林大火之后，"地方性"或"本土化"在推动创业方面发挥了重要作用，造就"地方性"的重要因素之一就是地方性知识（Shepherd & Williams, 2014）。

地方性知识是指特定地点的信息，包括社区的地形、历史、社交网络、社区成员的技能和可用资源。在"黑色星期六"丛林大火之后，地方性知识在促进当地个体、组织之间的合作方面发挥了关键作用。此外，地方性知识推动了当地人和非当地人之间的合作，并且能够更快地交付个性化解决方案以帮助解决受害者的痛苦。地方性知识主要是非正式的和约定俗成的，因为它通常没有文档记录，并且在向其他人传递时通常具有一定的难度（Shepherd & Williams, 2014）。

2.5 国际知识和国际化机遇

国际知识是国际背景下创业活动中重要的无形资源。然而，由于它具有新颖性和外化性，个体和组织很难获取这些知识。与基于吸收能力的论点相反，那些缺乏国际经验的创业公司的管理团队（TMTs）往往选择利用提供国际知识的外部资源，如风险投资组织、联盟伙伴和其他关系紧密的企业（Domurath&Patzelt, 2016; Fernhaber et al., 2009）。

国际创业包括"发现、制定、评估和利用跨国界机会来创造未来商品和服务"。大多数国际创业研究的焦点都在于初创企业（Zahra & George, 2002），尤其是这类企业需要解决由于"新"和"小"所带来的大量限制，并以此作为实现国际化的先决条件（Knight & Cavusgil, 2004）。为了成为国际企业，企业必须具备一定的竞争优势，以此为基础应对国外业务运营成本增加，并成功拓展国外业务（Dunning, 2000; Rugman, 1981）。然而，这些任务需要资源。许多公司在进入国际市场时倾向于利用有形资源，但无形资源通常更有可能培育竞争优势，因为无形资源很难被竞争对手复制（Kotha et al., 2001）。研究人员已经发现，国际知识是企业国际化过程中关键的无形资源，对于新创企业来说尤为如此（Bloodgood et al., 1996; Carpenter et al., 2003; Reuber & Fischer, 1997）。

大多数关于国际创业的学术著作都将创业公司的管理团队看作国际知识的主要来源。先验知识和丰富的经验使得个体和企业更容易进行机会识别（Shane, 2000; Wiklund & Shepherd, 2003; Patzelt & Shepherd, 2011; 以及上面讨论过的），因此在管理团队先前经验基础之上拥有更多国际知识的初创企业将会在国外市场识别更多的机会，它们国际化的程度要远高于缺乏上述知识的企业。新创企业可能会进一步利用其管理团队的国际经验以吸引来自国际商业领域的联盟合作伙伴，从而在国外市场建立口碑。此外，与同行相比，拥有具备国际经验的管理团队的公司能够更快地进行国际化（Reuber & Fischer, 1997）。这种快速的国际化推动这些公司更早地将国际因素考虑到其组织结构和流程中，从而加速国际市场的增长（Autio et al., 2000），并产生更高的效率（Oviatt et al., 1995）。此外，较早国际化可以使国外销售额在总销售额中占更高的比例（Reuber & Fischer, 1997）。

过往通过管理团队的先前经验从内部获得国际知识的相关研究，为新创企业国际化提供了重要见解，但学者们未能充分调查来自新创企业外部的国际知识。外部环境在新创企业国际化（例如 Coviello, 2006; Johanson & Vahlne, 2003）以及创业者对国外市场机会的评估（Domurath & Patzelt, 2016）过程中发挥着重要作用，尤其是在克服初创企业成立时间短以及作为外来企业所带来的不利条件方面更为重要。因此，这个研究领域的空白值得引起学界注意。大多数新创企业依赖于外部的已知资源，以确认它们在有效地运作，并提高它们获得高绩效的整体机会（McGrath & MacMillan, 1995）。国际化公司在学习如何有效进入国外市场时对外部知识来源可能有相似的依赖（Domurath & Patzelt, 2016）。新创企业的国际化过程可能受到其管理团队先前国际经验的影响，但国际商业的环境不断变化（Hitt et al., 1998），使得管理团队的经验随着时间的推移而贬值（Anand et al., 2002），同时，企业对外部知识来源的需求会增加。

2.5.1　联盟伙伴

战略联盟指的是利益相关方达成合作性协议，旨在为各相关方创造竞争优势（Das & Teng, 2000）。这些联盟代表了一个重要的正式关系，可以为新创企业提供获得增长所需资源的机会（Baum et al., 2000）。除了获得重要资源之外，新创企业也可能通过这些合作关系获得知识（Johannisson, 2000; Haeussler et al., 2012）。例如，通过与联盟合作伙伴互动，新创企业可以获得商业情报或了解新的机会。正如 Hite（2005: 113）所指出的，新创企业的合伙人提供了"企业可以寻找和获取外部机会和资源的渠道、桥梁和途径"。学者们还认为，战略联盟可以提供习得新思想和创新的最佳渠道（Dyer & Singh, 1998），并且是市场隐性知识的重要来源（Anand et al., 2002），这对新创企业的生存和发展来说是不可或缺的。

因此，战略联盟是新创企业关键的外部知识来源。战略合作伙伴在国外市场或与国外市场接轨的业务运营水平可能会影响新创企业识别的机会和知识资源的国际化程度。先前的理论研究表明，新创企业战略合作伙伴关系的发展与企业的国际化之间存在着正比关系（Coviello & Munro, 1995）。国际知识的传播在一定程度上影响了这种联系（Johanson & Vahlne, 2003），联盟的国际知识水平越高，对新创企业国际化的影响越大。许多研究支持这一观点。通过对新创企业进行调查，Coviello 和 Munro（1995）发现，64% 的企业最初进入国际市场以及所选择的进入模式源于联盟伙伴透露的机会，而非靠企业自身识别的机会。同样，Chen H. 和 Chen T.J.（1998）认为，联盟合作关系会带来更高水平的直接的国外投资，而小企业在国际化时通常比大企业更依赖于这种合作关系。对小企业来说，它们越依赖联盟伙伴，就越缺少选择和决策信息。不出所料，结果表明，新创企业规模通常比成熟企业小（Hanks et al., 1993）。因此，除了在国际市场有强大影响力的公司之外，与具有较丰富国际经验的公司结成联盟在很大程度上可以帮助新创企业增加对当地市场的了解，以此来实现国际化（Fernhaber et al., 2009; Lu & Beamish, 2001）。

2.5.2 风险投资公司

与风险投资公司建立合作关系是新创企业奠定知识基础以识别新商机的另一个重要途径（Fernhaber et al., 2009）。现有研究表明，风险投资公司不仅为新创企业提供财务资源（Sapienza, 1992），并且通过树立声誉（Chang, 2004）、为商业管理提供专业知识（Baum & Silverman, 2004; Ruhnka et al., 1992）、帮助企业寻找和招募合适的员工（MacMillan et al., 1989）以及帮助创业者制定适合其公司的战略（Fried et al., 1998; MacMillan et al., 1989）等为公司创业提供了有价值的参考。风险投资公司可能为新创企业带来价值的另一种方式是与之分享国外市场准入的相关知识，这可能是由风险投资人管理其投资组合中的新创企业所带来的。

风险投资公司通常在被投资企业中扮演积极的管理角色（Baum & Silverman, 2004; Ruhnka et al., 1992），有些人甚至认为他们直接为创业企业的人力资源做出贡献（Florin et al., 2003）。高水平的参与植根于风险投资公司在为新创企业融资时所承担的风险。风险资本家不仅希望保护他们的投资资本，还希望保证高额回报（Fried et al., 1998）。有时，风险投资公司投资一个新的合资企业可能会导致某些管理职位（某些情况下甚至是创始人）的个体被替换，让他们参与董事会并持续监控被投资者的表现（Carpenter et al., 2003; Fried et al., 1998）。换言之，因为风险投资公司拥有被投资公司的一部分，并为这些公司提供有限的融资，所以他们往往更有可能影响被投资公司的战略决策。

现有研究表明，风险投资已经成为一种全球性的做法。风险投资家在国内市场之外进行广泛投资（Wright et al., 2005）。当风险投资公司为新创公司提供高水平的国际知识或专业知识时，新创公司可能会开始国际化进程。过往研究还探讨了外部投资者的所有权增加如何使得企业在国外市场的参与度更高（George et al., 2005）。在这些研究的基础上，我们认为，风险投资公司通过向新创企业提供国际知识来帮助其进行国际化。当然，风险投资公司在这方面知识的影响取决于其国际经验的丰富程度（Fernhaber et al., 2009）。

2.5.3 邻近企业

知识溢出的相关研究认为，企业可以通过非正式的互动从其他企业的知识中获益。这项研究强调了企业间距离近对企业间发生有效知识转移的重要性（Audretsch & Feldman, 1996）。正如 Saxenian（1990: 97）所指出的，人们"在贸易展览会、行业会议以及由地方商业组织和贸易协会组织的研讨会、会谈和社交活动中见面。在这些活动中，人们易于形成和维护关系，交换技术和市场信息，建立业务联系并构建新创企业"。密集型研发（R & D）行业是展示知识溢出价值的一个极好的例证。例如，许多跨国公司根据知识溢出的可能性在特定地区建立了研发实验室（Feinberg & Gupta, 2004）。企业的知识溢出到其他企业的程度部分取决于企业所在的特定地理区域的行业情况。例如，尽管硅谷是新软件开发最著名的地区，但在美国的其他高科技区域（如旧金山、波士顿和奥斯汀），知识溢出也可以促进创业公司的发展，具体状况如何取决于当地的行业情况。知识溢出的概念通常与技术知识相关联，然而，知识溢出也可能出现在国际知识领域（Fernhaber et al., 2009）。如果一个新创企业周围的大部分公司都是国际性的，那么这些公司的国际知识溢出及其对新创企业产生影响的可能性就会更大（Fernhaber et al., 2008）。

2.5.4 国际市场的内外部知识来源

如上文所述，联盟合作伙伴、风险投资公司和邻近公司可以为创业提供国际知识。这种知识通常不会作为正式的资源交换元素；相反，它是新创企业从这些关系网络中获得的次生好处。我们认为源于企业外部的国际知识将直接影响新创企业的国际活动，企业管理团队拥有的国际知识也可能影响企业接受外部知识的程度。

有人可能会认为，当新创企业的管理团队具有更高的国际经验时，他们会更有能力识别其外部网络中国际知识的价值并在国际化过程中应用这些知识。然而，我们（Fernhaber et al., 2009）发现，当新创企业的管理团队拥有有限的国际知识或缺乏国际知识时，他们更有可能利用外部知识来源。具体而言，新创企业通常具有"高比例的知识获取"（McGrath & MacMillan, 1995），这会激励它们寻找外部知识来源，以确保它们正在采取正确的行动方式并提高他们的成功概率。这些外部知识来源是有价值的，因为它们补偿（有时甚至取代）了新创企业内部知识来源的匮乏。事实上，正如 Stinchcombe 和 March（1965）所描述的，新创企业依赖社交网络来生存是其自身的一个缺陷。这个概念意味着，当新创企业缺乏足够的国际知识时，它们必须更多地依赖外部国际知识来源来做出战略决策。换言之，对国外市场了解有限的新创企业更有可能在外部环境中寻找并积极利用这些知识；而当新创企业的管理团队拥有更多国际知识时，他们将在有限的程度上依赖外部知识来源（尽管他们仍将从这些来源中受益），以识别国际市场中的新机会。

新制度理论证实了这些断言，即在动荡时期，企业更有可能比较和寻找自己所处环境中的类似企业以了解自己的情况，并在必要时调整自身行为（Haunschild & Miner, 1997）。一般来说，不确定性可能与初来乍到或缺乏经验有关（Shepherd et al., 2000）。例如，在研究日本企业如何决定其国外市场准入模式时，Lu（2002）发现，经验能够调节企业的同构行为对其准入决策模式的影响。国外投资经验较少的公司通常更有可能选用其他公司使用过的准入模式。同样，国际经验较少的新创企业往往面临较大的不确定性，因此更依赖于外部公司的国际知识识别机会。

此外，管理团队国际经验较少的新创企业往往会从源于外部的国际知识中获得更多利润，因为它们有较大的知识缺口需要填补。事实上，有时新创企业在寻求国际机会时会故意选择利用外部知识，因为它们知道自身知识的缺乏。这种利用也可能是无意的。例如，一个新创企业可能会因为合作伙伴的意愿或遇到一个格外宝贵的机会而进入国际市场。由于管理团队缺乏国际经验，他们对接受外部知识的意愿往往有所增强，开放态度也有所提升。事实上，我们（Fernhaber et al., 2009）在有关新创企业国际化的研究中发现，当管理团队内部有更多的国际知识储备时，新创企业源于外部的国际知识与企业国际化将更趋于正相关关系。

2.6 知识、认知过程和机会识别

已有研究表明，当企业认识到其先前的假设和环境信号之间的差异时，一个"触发器"将会被激活，从而使它们的注意力集中在对信号的解释上，并促使组织对发展和追求做出回应（Dutton & Jackson, 1987）。尽管我们知道哪些因素影响组织内部对环境信号的感知（Kaplan, 2008; Ocasio, 1997），我们对机会感知的理解仍然不完整。换言之，与对威胁的感知相比，我们对个体识别机会的过程知之甚少。然而，正如 Baron（2006: 104）所指出的，我们确实知道机会识别需要一定的模式，或者需要"连接技术、人口统计学、市场、政府政策和其他因素的变化"的能力。Baron 和 Ensley（2006）发现，专家型创业者的机会认知模式比新手的更复杂，并突出了机会和具体业务之间的不同特征。

尽管这些研究是理解机会识别的重要步骤，但许多概念问题和实证困难仍然阻碍了该领域研究的进展。例如，一些研究调查了过去发现的机会，却由于对机会的回顾和成功利用引发的偏见而造成一定的限制（Golden, 1992; Huber & Power, 1985）。因此，很多研究仍具有挑战性，包括：精确揭示环境信号对机会识别的重视程度（Ocasio, 1997; Shepherd et al., 2007, 2017），信号的感知特征是什么（Jackson & Dutton, 1988; Julian & Ofori-Dankwa, 2008），个体拥有哪些信息处理能力（Kuvaas, 2002; Milliken, 1990），公司拥有哪些关键资源、资源短板或者企业战略（Chattopadhyay et al., 2001; Thomas & McDaniel, 1990），如何利用个体或组织层面的先验知识（Dimov, 2007b; Shane, 2000; Shepherd & DeTienne, 2005）以及其他能力和资源等（Barnett, 2008; Cattani & Ferriani, 2008）。因此，围绕促进机会识别的因素以及这些因素发挥重要作用的方式和原因，许多问题仍然有待解答。

为了阐明这些问题，我们（Grégoire et al., 2010）研究了个体用于识别机会的推理策略。具体而言，该研究调查了两个以前未被解决的问题：什么类型的认知过程可以促进个体的机会识别？个体的先验知识在机会识别的过程中发挥了什么特殊作用？为此，我们创建了作为结构整合的认知过程的机会识别模型（Gentner, 1983, 1989）。接下来，我们与创业者一同进行实验，在他们试图发现新技术机会的过程中记录他们的有声思维表达。通过分析这些表达，我们将能够确定创业者在识别新技术机会时利用结构调整过程的程度，以及先验知识对这些过程的影响程度。

这些结构调整过程的发现对组织研究有着更为广泛的影响。Crossan 等（1999）认为，对于组织学习，机会识别是以个体之间、团队、组织和社会层面的机制为基础的（Davidsson, 2003; Dimov, 2007a）。然而，在这种多层次现象的中心，也有很多不甚明确的个别过程。此外，机会识别是个体和组织进行机会评估和寻找的先决条件（McMullen & Shepherd, 2006）。因此，个体的机会识别过程不仅对创业企业的创立至关重要，而且对组织内更广泛地学习、适应、更新和制定战略（Crossan & Berdrow, 2003; Zott & Amit, 2007）也至关重要。

学者们一直在讨论机会的本体论性质。换言之，机会是等待易感人群"发现"的客观事物，还是出自这些人的主观诠释和创造性行为？这一讨论受到了广泛关注（Davidsson, 2003; McMullen et al., 2007），但我们认为，目前的这种辩论导致了一个僵局，阻碍了学者对与组织最密切的相关现象的研究，即它妨碍了对个体和组织识别和利用潜在机会的过程的研究（Grégoire et al., 2010; McMullen & Shepherd, 2006; Shepherd et al., 2007; Shepherd, 2015）。

与重点关注机会属性的哲学研究相比，能够表明机会源于变化的研究可能更加有益，如与新的组织或个体知识相关的变化，重要经济体在经济领域中的行为变化（如客户、供应商或竞争对手），或宏观环境的整体变化（如新规定、经济周期等）

（Grégoire et al., 2010;Shepherd et al., 2007, 2017）。然而，这些变化可能会使现有的程序和流程变得不够理想，它们实质上也并不代表机会本身。举个例子，如果让一位发明家开发一项新技术，虽然这项新技术可能会创造出客观可辨识的环境变化，但他却并未"拥有"机会。此外，新技术本身并不意味着机会，因为机会与旨在从这些变化中获益的行为密切相关（Grégoire et al., 2010; Grégoire & Shepherd, 2012）。例如，在创业背景下，新技术机会将源于在特定市场背景下对该技术的应用（Venkataraman & Sarasvathy, 2001: 652; Eckhardt & Shane, 2003）。

然而，在一个特定的市场背景下使用新技术的恰当性从一开始就是不确定的（Knight, 1921; McMullen & Shepherd, 2006），因为知识扩散是非均衡的（Hayek, 1945），并且受到个体理性程度的限制（Simon, 1957），如有限的注意力（Ocasio, 1997; Shepherd et al., 2007, 2017）等；而这种恰当性只能事后进行检查。因此，我们可以得出这样的结论：机会识别过程有客观和主观两个维度，个体的环境是客观现实，但在客观现实可用之前，个体对该环境及其在该环境中所扮演的角色有主观的解释（McMullen & Shepherd, 2006）。

因此，研究集中于创业行为两个相互依赖的阶段之间的差异（McMullen & Shepherd, 2006; Shepherd et al., 2017）：第一阶段主要是针对拥有利用机会所需的能力或技能的个体，研究他们主观上对机会的识别（McMullen & Shepherd, 2006: 137）。第二阶段涉及个体对自己或其组织进行的机会识别能力的评估，即他们是否具备识别机会所需的能力和动机。迄今为止，大多数机会识别工作要么没有区分这两个阶段（如 Baron & Ensley, 2006），要么集中在评估阶段（如 Chattopadhyay et al., 2001; Krueger & Brazeal, 1994; Sarasvathy, 2001; Thomas & McDaniel, 1990）。然而，为了推动对引导个体和组织寻找潜在机会深层机制的深入了解，研究重点关注了第一阶段，即识别机会的过程，或努力理解变化信号的过程（如关于情况变化的新信息），以判断制定应对这种变化的行动路线是否会带来净收益（如在利润、增长、竞争性行为或其他形式的个体或组织收益方面)（Grégoire et al., 2010: 415）。

2.6.1 连接已有知识与新知识的结构整合

我们相信，对于这个难题，一部分解决办法在于研究人们用于理解新信息的认知过程。有据可查的是，个体会从心理上比较新信息和先验知识以更好地理解新信息。在这一视角下，能够识别机会相关的模式需要个体在认知方面做出努力，以发现世界上发生的事情（例如可能的环境变化迹象）与他们不同情境下的心理模型之间的"相似性"，这些情境与理解新信息以及（在机会识别的情况下）识别可能从这些变化中受益的计划密切相关。

但是，这种比较和推理在现实世界中是如何发生的呢？个体评估新信息与先验知识之间的相似性是一个怎样的认知过程？对于关注相似性和各种推理任务中对于相似性的利用和结果的认知研究来说，重点在于相似性问题（Holyoak & Thagard, 1996）。这方面的研究强调，有关两个或更多兴趣项目的相似性认知取决于个体对这些项目心理表征的整合（Day & Gentner, 2007; Keane et al., 1994）。据此研究，结构整合的认知过程（Gentner, 1983, 1989）可以成为探索机会识别的基础，且具有价值。结构整合代表了个体用于对象比较的认知"工具"。基于这种比较，个体会得到一定启示或产生新的见解。例如，当个体遇到新对象时，他们往往本能地对新对象中的内容是否与先前遇到的内容相似提出质疑。基于已确定的相似性，个体会努力让自己更充分地理解新对象。正如认知科学家已经说明的，这些考虑因素和相关的结构整合机制在个体理解新信息、学习新观点和创造新类别过程中起着至关重要的作用（Holland et al., 1986）。这些过程包括科学创新、新产品的创意开发、战略发展（Gavetti & Rivkin, 2005, 2007）以及其他需要创造力的任务（Dahl & Moreau, 2002; Ward, 1995）。

这项研究的主要发现是，这种整合发生在两个层面。一个层面以表面特征为中心，而另一个层面则以结构关系为中心（Gentner, 1983, 1989）。具体而言，除了其特征和属性之外，表面特征也是心理表征的基本"部分"（Gentner et al., 1995: 271）。另一方面，结构关系连接了各种作为心理表征一部分的表面特征。此外，研究发现有两种类型的结构关系：第一类是一阶结构关系，表示表面特征之间一对一的功能关系，这些表面特征包括直接效果和动作动词等；第二类是高阶结构关系，即"关系之间的关系"，因此也更为抽象。高阶关系包括目标陈述、因果链和条件规则等（Gentner et al., 1993; Holyoak, 1985）。

为了阐明表面特征和结构关系之间的差异，我们（Grégoire et al., 2010: 416）使用了一个在麻省理工学院（MIT）开发的新技术的例子，即 Shane 讨论的 3DP™（2000）。我们阐述了表面特征和结构关系之间的差异，具体表述如下：

技术的表面特征包括该技术的开发者（麻省理工学院的机械工程师）、该技术的组成部分（机械手臂、打印头）、使用的材料（陶瓷粉末），以及该技术在实验室中产生了什么（如陶瓷过滤器、铸模等）。一阶结构关系的例子包括技术如何操作（如机械臂移动打印头、打印头上墨粉）。高阶结构关系包括技术更抽象的能力（例如，如何运作技术来生产具有高度自动化和精确度的三维物体）。

结构整合过程是个体为新信息付出努力的体现。当个体接受新的刺激时，他们会评估其特征和关系与相关"源"的特征和关系是否一致（Gentner, 1989; Holland et al., 1986）。例如，这个来源可能是一个相关对象，也可能是一个更加无形的框架，该框架中界定了个体的类别或理论模型。然而，更多情况下，这样的相关对象是心理表征，展示了个体对新信息的理解。新信息与相关模型、对象或情境的比较（即确定目标的表面特征和结构关系是否与来源的表面特征相一致）使个体能够检测到传达意义的模式。基于这些模式，个体能够得出有用的结论。

然而，结构整合的相关研究也表明，处理表面特征和结构关系需要不同的认知解构和动力学（Gentner, 1989; Keane et al., 1994）。因此，结构整合的这两个层面可能会以不同的方式影响机会识别的过程。一方面，表面特征会影响个体从记忆中搜索和检索信息的方式（Gentner, 1989; Gentner et al., 1993）。因此，新刺激的表面特征（例如，操作新技术所需的材料）可能会触发个体对重要来源（例如，前面实例中提到的提供材料的市场）的可比性特征的回忆。个体回忆的来源通常由他以前的经历或熟悉的特定特征所塑造，或者，它也可以被个体所处的环境或现状所塑造（例如，由于他的生活中的特定事件，某个特征对于个体而言可能是显著的）。当人们浏览相关的整合参考时，这种塑造限制了他们进行立刻（或无意识）接触的表面相关域的数量（Keane et al., 1994）。相反，结构关系以更为直接的方式与高阶推理过程交织（Keane et al., 1994），例如，与结构关系相关的处理和整合影响个体的类别形成（Namy & Gentner, 2002）、问题解决（Catrambone & Holyoak, 1989, 1990）和学习过程（Loewenstein & Gentner, 2005）。

表面特征和结构关系都会影响人们对事物的理解。然而，学者们已经证明，当个体对新的或模糊的刺激进行推理时，结构关系将变得尤为重要（Day & Gentner, 2007; Gentner, 1989）。因此，我们（Grégoire et al., 2010）认为，人们对发现机会的尝试可能会强化他们对结构关系的使用和调整。这种强化有两层含义：

首先，当刺激以深层次和较为丰富的方式进行编码时，个体可能会利用结构关系。例如，当个体执行高认知要求或情绪挑战性任务时，他们会进行这种深层且丰富的编码（Blanchette & Dunbar, 2001; Catrambone & Holyoak, 1989）。机会识别任务需要满足这些条件，因为所需的信息通常是模糊且难以解释的（Cardon et al., 2012; Ireland et al., 2003）。

其次，学者们发现，从认知神经的角度来看，与注意到表面特征的整合相比，当个体认识到结构关系的整合时，大脑被激活的程度更高（Holland et al., 1986; Keane et al., 1994）。基于对结构关系整合的偏好，个体对有意义的模式能够进行更好的识别和比较。这些模式可能（但不一定）包括表面相似性。实际上，来自多个领域的研究人员已经记录了个体对基于结构的"心理跳跃"的运用（Holyoak & Thagard, 1996）。例如，当个体创造性地思考或试图解决科学问题时（例如 Dahl & Moreau, 2002; Dunbar, 1993; Ward, 1995），就会出现这种心理跳跃。在战略决策的背景下，

Gavetti 和 Rivkin（2005）研究了安迪·格鲁夫（Andrew Grove，英特尔前首席执行官）如何认识到放弃低端微处理器市场的风险。他没有考虑计算机或电子产品的产业环境，而是将英特尔的情况与在 Nucor 公司和小型钢厂出现后钢铁行业发生的事情联系起来。虽然钢筋和微处理器的可比性不大，但 Nucor 在钢铁业务方面的进入和成功与英特尔在微处理器领域的进入和成功非常相似。因此，安迪·格鲁夫制定了一项战略，防止英特尔经历类似的未来，因为他了解美国成熟钢铁公司的历史轨迹和最终的衰退。上面的讨论说明，当试图找出机会时，个体往往更注意结构关系的整合而不是表面特征的整合。根据这些观点，我们提出，机会识别过程需要更高水平的认知努力（即注意力）来整合结构关系，而不是整合表面特征（Grégoire et al., 2010）。

2.6.2　先验知识在结构整合过程中的作用

如上文所述，学者们已经证明，由于知识并非均匀分布在人群中，所以先验知识影响着人们对机会的识别（Corbett, 2005; Dimov, 2007b; Shane, 2000; Shepherd & DeTienne, 2005）。总体而言，这方面的研究认为，先验知识是解释和使用新信息的基础；然而，大多数研究都没有描述先验知识是如何影响个体机会识别的这一认知机制。我们认为，先验知识可能触发个体对结构关系的思考。例如，领域内的专家往往认为在结构关系方面进行推理很容易，因为他们可以利用更深层次的心理表征（Chi et al., 1981）。这些专家特别擅长解决表征相似性较低但结构相似性较高的问题（Keane, 1988）。此外有研究表明，当人们无法解决特定问题时，"失败指数"通常会留在他们的长期记忆中。根据 Seifert 等（1994）的"机会主义同化假说"，这些指数处于消极状态，直到遇到与解决问题有关的事项的刺激。这时，失败指数"充当着指导后续检索过程回到问题情境原始状态的路标"（Seifert et al., 1994: 87）。换言之，先前的问题经验可以强化个体寻找与解决方案相关刺激的注意力（Dimov, 2004）。这些观点表明，先验知识能够使个体注意到新信息和相关背景之间的结构相似性，尽管两者之间的表面联系是缺失的。

根据上面的推理，我们（Grégoire et al., 2010）提出，在机会识别过程中，个体对更高水平的先验知识的依赖需要更多的认知努力（即关注），以整合结构关系而非表面特征。这一结果符合机会识别的结构整合模型，模型表明这些认知过程对于机会识别至关重要。我们（Grégoire et al., 2010）证明，当企业家发现与新技术相关的信息时，他们会重点关注这些信息与可能有用的背景之间的相似之处。此外，结构整合过程涉及各种类型的相似性，每种相似性具有不同的结果，并且其中一些包括技术和市场的表面特征。根据认知心理学研究（Gentner, 1989; Keane et al., 1994），这些发现表明这些特征指导个体的早期尝试以寻找用来作为评估刺激重要性的参考点的背景

（在我们的例子中，这包括识别也许能与技术相适应的市场）。然而，大多数理解新信息并确定技术和市场是否适合构成可能机会的尝试，主要取决于对结构关系的考虑和整合（Grégoire et al., 2010）。

最重要的是，研究发现，认识到高阶结构关系之间的相似性似乎是机会识别过程的重要组成部分，这一结论有着三条额外证据的支持：第一，当参与者在口头表述中突出技术的表面特征和市场表面特征之间的相似性时，他们会将更多的注意力放在技术和市场之间结构关系的整合上，并且强调高阶结构关系。第二，当技术和市场共享众多结构关系但几乎没有共同的表面特征时，企业家也多次发现了机会。换言之，企业家注意到结构关系整合的能力使跨技术领域的技术转移成为可能，从而形成了非明显的机会信念。第三，当企业家更加强调刺激的表面特征而非结构关系时，他们将更难以思考潜在的机会。当其他事务妨碍了企业家考虑结构关系的能力时（例如，一个参与者重点关注对获得技术知识产权保护可行性的评估，或另一个参与者关注时间限制时），也会出现类似的挑战。总体而言，三条证据强调，虽然表面特征可能引导个体对新信息的初始思考，但基于结构关系整合的推理是机会识别的重要组成部分。

2.6.3 机会性质和结构整合过程的差异

以上讨论了使个体或组织识别有前景的活动并采取行动的因素（参见 Gruber et al., 2008; Plambeck & Weber, 2009; Short et al., 2010）。虽然人们对机会的性质和来源有持续的兴趣和理论化讨论（例如，Alvarez & Barney, 2010; Jackson & Dutton, 1988; McMullen et al., 2007），但学者们很少在理论和经验上关注机会的差异性所带来的影响，特别是在初始机会识别中。然而，我们（Grégoire et al., 2010）创建并测试了一个机会识别模型，重点关注潜在机会差异性的影响。我们在上述假设的基础上进行了扩展，认为机会信念形成于认知努力的结果，并被用来理解新的供应方式（如新服务、产品、技术或商业模式）与新供应市场之间可能的"匹配"模式。因此，在技术转移的背景下，机会信念的形成取决于企业家对新技术与市场之间的结构整合的考虑（Grégoire et al., 2010）。

2.6.4 收敛和发散变化的协同影响

在考虑结构整合时，我们需要考虑到表面和结构的相似性可以彼此独立且互不相同。从建模的角度来看，由此产生的问题是，表面和结构相似性的影响是否仅仅是累加性的，或者这两种形式的相似性是否相互影响。为了回答这个问题，我们（Grégoire & Shepherd, 2012）测试了两个维度之间可能的相互作用（详见下文）。然而，在试图理解和识别与潜在机会有关的挑战时，我们有必要探究各种形式的差异对机会信念的发展可能产生的意义和影响。当技术－市场这一组合的表面和结构相似性彼此不一致时，这个问题尤其重要。

虽然新技术经常被描述为只适用于特定场合（例如，技术如何在"实验室"中被利用），但与发明人（或负责商业化的人）最初的想法不同，企业家们经常设想技术在完全不同的市场情境下的其他用途。Shane（2000）在研究中描述了他为其研究的技术所设想的机会，即使对于试图通过相同技术来利用其他机会的企业家而言，这些技术也经常是"不明显的"。对这种"不明显"的解释显示了企业家在这方面独特的知识资源的作用。具体而言，与许多技术发明人相比，企业家对特定市场和行业有着更多的了解，因此他们能够辨识出发明人从未想象过的市场应用（Gruber et al., 2008, 2012; Shane, 2000; Ucbasaran et al., 2009）。

除了企业家以往的市场知识之外，对机会识别的补充解释也主要关注机会信念发展过程中表面和结构相似性所带来的不同影响。在我们的模型（Grégoire & Shepherd, 2012）中，机会不明显的原因似乎是市场和技术之间较低的表面相似性水平，即使它们在结构上具有较高的相似性。

认知科学的研究人员发现，当解释不确定情境下的模糊刺激时，人们更喜欢高阶结构关系的推理（Gentner, 1989; Holland et al., 1986）。例如，在预测新对象时，人们通常更喜欢从全面的因果系统开始预测，而不是从系统的某一部分开始预测，尽管这两者都同样容易被人们想到（Clement & Gentner, 1991）。同样，研究表明，与表面的匹配相比，结构匹配通常会给个体带来更多的大脑活动，因为它会激活更多的神经元互相连接（Keane et al., 1994）。换言之，当个体考虑创业机会时，如果他们注意到新技术的结构特征与市场中潜在需求的原因之间的共同性，他们的认知可能会更容易被"激发"。

尽管大脑更偏好结构相似性，但识别和处理没有表面相似性的结构相似性需要特别的认知活动（Catrambone & Holyoak, 1989）。因此，即使技术的能力与市场潜在需求的原因相对应，某些技术－市场组合的表面相似性的缺乏也会使机会变得不够明显。这时，与拥有较高表面相似性的情况相比，个体对最终的机会信念可能不够肯定或不那么积极。学生经常遇到这样的挑战，例如，他们在具有特定表面元素（如使用特定对象或单位的数学问题）的领域内学习到的内容和解决方案，往往很难被转移到具有类似问题但表面特征不同的领域中（如关注不同物体和单位的物理问题）（Bassok & Holyoak, 1989; Novick & Holyoak, 1991）。最终，缺乏表面相似性常常会使知识转移变得更具挑战性。

另外，重点关注表面相似性有时会导致有缺陷的推理前提，如当事物之间存在表面相似性而没有结构相似性时。例如，技术的表面元素与市场之间的强烈相似性可能会使个体忽视技术能力与市场潜在需求成因之间结构差异的不利影响，当出现这种情况时，个体的机会信念可能会变得不那么消极。

总体来说，这些观察结果可以解释非专业的观察者难以发现机会的原因，即技术与市场具有较低的表面相似性但却与之有着较高的结构相似度。同理，虽然人类的大脑倾向于根据结构关系做出推论，但当缺乏表面相似性时，识别和处理这种关系对认知水平有着一定的要求。尽管如此，认知研究已经表明，对于在高度不确定的背景下进行推理以提升知识水平（Holland et al., 1986），并进行创造性的"心理跳跃"（Holyoak & Thagard, 1996）来讲，低表面或高结构推理至关重要，例如，当科学家、工程师、设计师和战略家想出具有想象力的解决方案来解决相对复杂的问题时（Dahl & Moreau, 2002; Dunbar, 1993; Gavetti & Rivkin, 2005）。

根据这些关于表面或结构相似性和个体识别不明显机会的能力的观察结果，我们（Grégoire & Shepherd, 2012）探讨了技术 – 市场的信念和低表面相似性水平，以及高结构相似度水平相匹配的程度与技术市场和其他相似配置匹配之间的不同。研究发现，人们显然更喜欢涉及结构关系的推理，因此有关新技术 – 市场的机会信念与低表面相似性水平且高结构相似性水平相匹配时，这些信念更积极（相比于较高表面相似性水平但是结构相似性水平较低的情况）。不出所料，新技术 – 市场中最有利的机会信念具有很高的表面相似性和结构相似性。

因此，我们认为，可能的机会之间的差异性是互相关联的，即个体的认知能力和资源不是形成机会信念的唯一重要因素；关于机会基本要素的信息差异也在这个过程中发挥着重要作用。机会差异影响结构整合在产生机会信念方面的有效性，对这一思考的补充研究，可以帮助我们认识这些差异在机会利用中的作用。例如，Samuelsson 和 Davidsson（2009）提出，人力资本和社会资本对新创企业发展活动的影响对于追求创新机会的企业而言非常重要，但对于追求模仿机会的企业则不同。此外，Dahlqvist 和 Wiklund（2012）提出了机会新颖度的衡量标准，并揭示了新事物与知识产权保护和专利申请相关这一事实。通过将焦点从与机会利用相关的差异的性能影响转移到对于新的供需组合的机会信念的固有特征上，研究人员可以更加成功地区分潜在机会之间差异性的影响以及个体动机、资源的影响和能力。

结论

在本章中，我们阐述了个体的先验知识影响机会识别的过程。较高水平的知识（教育）似乎较为普遍地促进了机会识别，但不同类型的知识触发了对不同类型机会的识别(例如,与自然问题相关的知识可以帮助人们识别环境机会,与国际市场相关的知识可以帮助人们识别海外机会)。与机会识别有关的知识可以来自企业家,但也可以由外部来源提供,如风险投资者。

此外,企业家的先验知识在结构整合的认知过程中起着"连接已知和未知"的重要作用,并且对机会识别起到促进作用。在下一章中,我们将探讨企业家的动机如何独立或与知识相结合来影响其认知。

第3章

动机和创业认知

如第2章所述，识别机会的能力作为成功创业者最关键的能力之一（Ardichvili et al., 2003; Grégoire et al., 2010），其相关研究在创业文献中占比重大。除了先验知识，研究人员还确认了动机，即行为触发力，也是机会识别的重要前提。它不仅能引导行为，还能通过行动过程增加持久性（Bartol & Martin, 1998）。经济回报如何引发机会识别？在创业过程中，价值观和情绪扮演了怎样的动机角色？什么动机促使企业家识别并追求维护自然和社会的机会？最后，我们将讨论创业动机中潜在的积极与消极结果。

3.1 动机与机会识别

研究创造力的学者（如 Amabile，1993）和一些研究创业的学者（如 Birley & Westhead, 1994; Cardon et al., 2009; Douglas & Shepherd, 2002）曾指出，非经济或内在动机也能驱动个体创业。然而，经济学和创业方面的大部分研究都认为，经济回报才是驱动个体创业活动的主要因素（Baumol, 1990; Kuratko et al., 1997; Langan-Fox & Roth, 1995）。例如，Kuratko 等（1997）研究了中西部创业活动，他们发现"关注于财富的外在目标"在个体继续创业的决定中起着重要作用。同样，Baumol（1990: 894）认为，"创业者在特定时间和地点如何行动在很大程度上取决于经济中的收益结构或支配收益的普遍游戏规则"。此外，Campbell（1992）提出了一种创业经济理论，他认为如果创业行为的预期利润值大于人们从事职业的利润值，他们就会选择创业。最后，Schumpeter（1961）提出，获取经济收益的目标是许多创业者创业的重要动力。

为了更充分地理解经济回报如何引发创业行为，我们参考了动机理论家Campbell和Pritchard（1976）的观点。他们认为，动机是指决定是否开始着手进行某项特定任务，以及要付出努力的程度和时间。当高水平的努力可以获得包括高薪在内的可贵成果时，该动机决策的前两部分尤为关键，即决定是否发起行动和投入多少努力（Kanfer, 1990; Vroom, 1964）。

3.2 经济回报

当潜在的经济回报可能实现时，动机会被激发或增强。学者们发现经济收入浮动与特定任务成功与否之间呈正相关关系。例如，Abbey和Dickson（1983）指出，回报水平、成就动机与创新人士的数量呈正相关关系。又如，Paolillo和Brown（1978）研究了员工对其研发（R&D）实验室整体创新产出的评价，结果显示，创新水平与回报之间也呈正相关关系。此外，有研究表明创造力与获得经济回报的机会之间亦呈正相关关系（如Woodman et al., 1993），并且大多数研究创造力的学者认为，创造力与创新性关系密切（Cummings & O'Connell, 1978）。总之，这项研究表明，经济回报的成功前景不仅可以增加人们创造更多机会的能力，还可以提升机会的创新水平。事实上，我们（Shepherd & DeTienne, 2005）在一个实验中证明，潜在的经济回报收入越高，人们越能发现更多潜在机会。经济回报和被识别的机会数量之间的正相关关系也符合Gilad和Levine（1986）的观点，即"可能盈利的商业机会将吸引并'拉动'个体进行创业"。一些研究人员探讨了经济回报"拉动"个体创业时所扮演的角色（如Katz, 1994; Shapiro & Sokol, 1982; Gilad & Levine, 1986）。

Shapiro和Sokol（1982）以及其他学者（如Douglas & Shepherd, 2000; Schjoedt & Shaver, 2007）认为，"拉动力"和"推动力"都能让个体被创业生涯吸引。在这种情况下，"推动力"指的是现状的消极特征，这让一个人想要投身于创业，例如工资收入固化、与所付出的努力不相符的回报，以及被免职等。因此，不仅潜在的高经济回报可以"拉动"个体进行创业，而且缺乏足够经济回报的现状也会"推动"个体进行创业。在大多数关于"推动力"的研究中，创业代表了自我雇用。这种以职业为基础而选择自我雇用的论点背后，存在特定的动机逻辑。这一逻辑也可能适用于个体识别潜在机会的动机。

3.3 经济回报、先验知识和机会识别

即使个体有识别机会的动力，在没有先验知识的情况下，他们也很难真正识别出机会（见第 2 章）。Amabile（1997: 42）认为，"专业知识（事实知识和技术熟练程度）是所有创造性工作的基础。"同样，Fiet（2007）的研究表明，在机会识别过程中，使用考虑集合（consideration set）的人发现的观点更能创造新的财富。因此，我们（DeTienne et al., 2008）提出，经济回报、先验知识和机会识别之间的关联比明确的附加关联更复杂。

研究人员分别单独探索了潜在的先验知识和经济回报对机会识别的影响，然而，同时考虑这两者可能会为机会识别提供更多信息。虽然先验知识、经济回报和机会识别之间的关联还未被详细研究过，但一些研究表明，先验知识会影响潜在的经济回报与个体任务绩效之间的关系。例如，Csikszentmihalyi（1975, 2000）研究发现，具有较高先验知识水平的参与者会对特定任务给予全部关注，这暂时保护了他们的注意力不受其他需求影响。参与者们有信心能掌控活动，并且其注意力高度集中于任务。此外，Maheswaran 和 Sternthal（1990）证明，专家（即在特定领域具有高度知识水平的个体）善于详细处理与内容相关的信息，而不熟悉任务的人更偏向于处理与回报有关的信息。因此，在特定任务背景下，无论任务是否有经济回报，先验知识都会带来特定的动机。

例如，一名瑞士工程师 George de Mestral 发明了魔术贴。在显微镜下观察过苍耳子后，他花了八年时间来仿制这种毛刺扣紧系统。朋友和同事警告他这种痴迷只会让他失望甚至破产，而他无视了这些警告，去了山上的小屋里工作。经过很长一段时间，他带着魔术贴的技术走出小屋。他用了十四年的时间将最初的想法变成了可商业化的产品。这个例子清楚表明，个体可以被先验知识而非经济回报驱动来解决问题。幸运的是，他最终还获得了经济回报。

在机会识别方面，我们也需要考虑先验知识，才能深入了解潜在的经济回报对机会识别的驱动效应。以动机研究相关文献为基础，我们提出，有经济回报前景时，人们能识别更多的机会，而且这些机会还可能更加具有创新性。然而，研究还表明，知识可以成为驱动因素，从而减弱经济回报与机会识别结果（即潜在机会的数量和创新性）之间的正相关关系。具体而言，先验知识帮助个体更快速地"看到"各种观点之间的重要联系（Busenitz & Barney, 1997; Logan, 1990），提高了他们识别更多机会的能力。先验知识还提高了个体的创造力水平，以开发更具创新性的机会（Cohen & Levinthal, 1990; Johnson et al., 1991）。我们（Shepherd & DeTienne, 2005）证明，先验知识会调节潜在的经济回报与机会识别之间的关联。我们的研究发现，较高的经

济回报至少可以部分抵消因对客户问题了解不足而对个体识别潜在机会的数量和这些机会创新程度的影响。

3.4 创业激情

研究人员很早就提出激情是推动行动（参见戴维·休谟（David Hume, 1711—1776）和让-雅克·卢梭（Jean-Jacques Rosseau, 1712—1778）的理论）以及创业决策（Smilor, 1997）的强烈动力。为了更深入地理解创业动机，我们运用了自我决定理论（Deci & Ryan, 2001; Gagné & Deci, 2005; Ryan & Deci, 2000）及其对激情的扩展研究（Vallerand et al., 2003）。自我决定理论提出，个体会试图满足三个需求：对能力、相关性和自主性的心理需求，并在做决定时谨慎地考虑到这些需求。当个体处于决策状态时，他们要么受控地要么自主地满足这些需求（Gagné & Deci, 2005）。受控动机与行为压力有关，而自主动机是指个体自愿参与某项活动，因为他们很享受，觉得很有趣。自主意向和受控意向之间的差异体现在不同类型的激情中。总之，激情是"对个人喜好且重视的活动的强烈倾向，即一种投入了大量时间和精力的自我界定"（Houlfort et al., 2015: 85）。根据受控来源和自主来源，激情被分为强迫式激情与和谐式激情（Vallerand & Houlfort, 2003; Vallerand et al., 2003）。

3.5 恐惧激励创业或不创业

追求潜在机会对个体来说非常有益，它可以给人们带来经济回报（Carter, 2011）、积极情绪（Baron, 2008; Cardon et al., 2012）以及更高的地位或声望（Parker & Van Praag, 2010）。然而，由于追求潜在机会的过程充满了不确定性（Knight, 1921; McMullen & Shepherd, 2006），许多新创企业会失败（Burgelman & Valikangas, 2005; McGrath, 1999），这会给人们带来财务（Lee et al., 2007; Lee et al., 2011）、情绪（Shepherd, 2003; Shepherd et al., 2011）和社交（Efrat, 2005; Semadeni et al., 2008; Shepherd & Patzelt, 2015）等方面的不良后果（相关总结见 Ucbasaran et al., 2013）。创业失败普遍存在，但 McGrath（1999）指出，那些与创业失之交臂的创业者和个体一般都有反失败倾向。

尽管一些研究表明，反失败倾向表现为失败恐惧感，通常会导致不作为（Alon & Lerner, 2008;Cacciotti & Hayton, 2015），有些人还是能够克服恐惧并追求潜在的机会。⊖这些行动在给个人、组织和国家经济创造财富方面至关重要（McGrath, 1999;

⊖ 失败恐惧感也可以与激励性行为联系在一起（Cacciotti et al., 2015）。

McMullen & Shepherd, 2006; Sarasvathy, 2001)。

Conroy 认为（Conroy, 2001, 2004; Conroy et al., 2002），失败恐惧感可以分为五类：对耻辱感和尴尬的恐惧，对自我评估降低的恐惧，对未来不确定性的恐惧，对失去社会影响力的恐惧，对重要他人失望的恐惧。

1. 对耻辱感和尴尬的恐惧

这是指个体担心自己的真实缺陷会通过失败事件展现给自己和他人（Sabini et al., 2001）。经历过失败的创业者的话很好地说明了这一点："你会有一种令人尴尬的悲痛，这种感觉非常不好。你会感到非常后悔和内疚。"（Byrne & Shepherd, 2015: 380）预见这种由失败带来的感受，会觉得恐惧，从而影响人们对创业决策过程中失败的经济成本的评估。具体而言，当创业者害怕感受到耻辱感和尴尬时，他们在决定是否利用创业机会时会更多地考虑经济成本。经济损失经常被利益相关者注意到，还有可能传遍社区。因此，如果创业者觉得在别人面前失败很尴尬，那么这些负面且易被公开的业绩反馈就会让他们尴尬（Ashford, 1986; Smith & McElwee, 2011）。当人们认为自己可能面临这种耻辱和尴尬时，他们会远离这种经济风险以求自保。

2. 对自我评估降低的恐惧

这是指当他人对已知团队中某个个体表现的能力评估下降时，该个体会感到不安（Gilinsky, 1949）。事实上，失败使人们怀疑自己是否有知识和能力去完成某些任务（Gatewood et al., 2002; Hoang & Gimeno, 2010），让他们对自我价值产生怀疑（Jenkins et al., 2014; Laguna, 2013），自尊心降低（Shepherd & Cardon, 2009），并开始担心自己无法控制生活中的重要方面（Folkman & Moskowitz, 2004; Stanton et al., 2002）。当创业者担心失败会使他们对自身能力和才能的评估产生负面影响时，他们会更多地衡量经济成本。经济绩效要么是追求创业机会的目标，要么是实现更大目标的渠道（Milleret al., 2012）。因此，由于经济损失而关闭企业是一个非常普遍的迹象，表明创业者没有实现其首要目标。同时，失败的经济成本越高，对创业者自我评估的"潜在打击"就越大——害怕自我评估降低的创业者不愿面对这样的处境。

3. 对未来不确定性的恐惧

这种恐惧意味着个体不知道自己的生活将走向何方。我们（Byrne & Shepherd, 2015: 384）在研究中解释了这种恐惧，其中我们描述了一位创业者生意失败的情况，他无法预料将要发生的事情，因此感到沮丧，"'你突然从领导那里得到消息，告诉你不能当公司董事了。这一切都模糊不清，很不确定，唉！'他没有说完这句话，只是发出烦恼的声音，又摇了摇头"。相似地，对这种不确定性感到不安的创业者在决定是否追求机会时，会更多地衡量经济成本。经济成本较低的失败对创业者闲置资源的影响更小。财务宽松程度越大（即使它仍然很低），艰难时期的缓冲就越大（Carroll et al., 1992; Fafchamps & Lund, 2003），人们开发未来选择和计划的能力就越强（Lentz & Tranaes, 2005; Wanberg et al., 1999），因此对未来更加确定。然而，失败带来的更大损失可能会让人们无法规划未来。换言之，程度大的、经济上的破坏性失败（创业者认为是创伤性的）可以摧毁个体关于自我、他人和整个生活的信念，使一切看起来不可预测（Janoff-Bulman, 1985; Haynie & Shepherd, 2011）。因此，害怕计划改变和不确定性的创业者在机会决策时可能会高度关注潜在的经济成本。

4. 对失去社会影响力的恐惧

这是指人们担心他们将不能利用自己的观点和态度来影响他人的观点和态度（Martin & Hewstone, 2003）。失败的经济成本越高，他人就越能注意到失败，且通常会谴责创业者（Cardon et al., 2011; Semadeni et al., 2008; Sutton & Callahan, 1987）。例如，我们的研究（Shepherd & Patzelt, 2015）显示，与由于失败而蒙受较低损失的个体相比，蒙受较高经济损失的个体更容易被他人谴责。作为一个污点，受到谴责的个体的自身声誉被诽谤损害（Cardon et al., 2011; Shepherd & Patzelt, 2015）。最终，被谴责的个体的社会影响力显著下降。例如，Sutton 和 Callahan（1987）指出，一家濒临破产的公司的管理者发现，以前的同事因为公司经营失败而停止与他们接触。由此可见，害怕失去社会影响力的人在做创业决策时，很容易被与失败相关的经济损失影响。

5. 对重要他人失望的恐惧

这种恐惧是指个体担心不被自己重视的人认可。有这种恐惧心理的人通常害怕巨大的经济损失，因为失败的高昂代价很可能会让重要他人不满。例如，失败的经济损失不仅会影响创业者本人，还会对企业利益相关者乃至创业者的家庭造成负面影响。事实上，利益相关者通常是对创业者及其企业很重要的人（Mitchell et al., 1997; Selden & Fletcher, 2015; Vandekerckhove & Dentchev, 2005），朋友和家人通常投资了企业股份（Kotha & George, 2012），创业者通常与员工建立了密切关系（Breugst et al., 2012）。因此，高经济损失容易打击到这些投资者，因为他们可能会失去更多金钱（Amit et al., 1990; Mason & Harrison, 2002），且这些员工可能失业（或不得不与离职的人结束关系）（Fineman, 1999; Jordan et al., 2002），其他利益相关者可能会失去声誉或社会地位（Sutton & Callahan, 1987）。例如，2011 年 4 月 23 日《苏格兰明星报（Scottish Star）》在报道一名创业失败的创业者时这样描述，"首席执行官山姆说，他'已经没有其他选择了'，只能终止业务。他补充说，'解雇所有员工真是一件令人心碎的事。'"（Byrne & Shepherd, 2015: 382）。与其他四种类型的恐惧一样，创业者越是害怕让重要的利益相关者失望，他们在做出决策时越是在乎失败的经济成本。

日本有句谚语："恐惧可以被思维控制。"若是该说法可行，那么当创业者做出创业决策时，可能会有足够的动机去克服恐惧。因此，一个关键问题就出现了：为什么有些人可以克服失败恐惧感，并对潜在机会采取行动，而另一些人则屈服于恐惧而不采取行动呢？

如上所述，对某项活动有强烈激情的个体更倾向于坚持继续追求并参与这项活动（Curran et al., 2015; Houlfort et al., 2015），即使采取一些明显较草率的行为（Stephan et al., 2009）。在创业背景下，这些行为包括了在选择是否追求潜在机会时忽视（或者不太重视）与失败相关的高经济成本的信息。

3.6 恐惧、激情和创业行动

将失败恐惧感理论化时，要特别注意强迫式激情，它会影响个体在威胁下做出决策的方式，并可能导致适应不良的后果（Curran et al., 2015; Donahue et al., 2009; Hodgins & Knee, 2002; Vallerand et al., 2008, 2010）。"忍不住参与职业活动"的人们（Houlfort et al., 2015: 85）往往有强迫式激情，即使有信号表明这样不合适，他们也会继续做出某种特定反应（即他们有一个死板的回应），最终导致负面结果。例如，拥有强迫式激情的工作人员将坚持进行项目，即使有信息表明继续下去会造成不良后果（Stephan et al., 2009）。除了任务结果之外，他们觉得有义务承担任务，因此他们参与这些任务是具有强迫性且僵化的（Curran et al., 2015）。

此外，强迫式激情与风险行为有关（Rip et al., 2006）。例如，研究人员发现，拥有强迫式激情的运动员的顽固坚持会为训练带来危险，从而增加他们受伤的可能（Stephan et al., 2009; Vallerand et al., 2003）。对互联网和足球（Vallerand, et al., 2008）具有强迫式激情的人，其人际关系质量通常较差。总体而言，强迫式激情会为个体带来各种负面结果，包括与其他生活领域的冲突（Vallerand et al., 2010）、攻击行为（Donahue et al., 2009）以及与伴侣相处中的困难（Vallerand et al., 2008）。对于诸如体育、博彩和购物等许多其他活动而言，强迫式激情往往会导致毫无效益的结果，从而使人们难以继续参与活动或无法获得成功。因此，强迫式激情似乎破坏了个体对与某些活动（即他们所热衷的活动）相关的威胁（如受伤威胁、关系丧失等）的评估。

强迫式激情的人认为，如果不参与他们热衷的活动，他们就无法生活（Vallerand et al., 2003）。同时，在决定怎样投入时间和精力时，他们通常将该活动置于首位。

正如 Vallerand 等（2003: 757）所说的，强迫式激情的人"忍不住去参加自己热衷的活动。激情在控制个体的过程中发挥其作用"。另一方面，对潜在创业机会的激情不高的人来说，他们并不专注于这样的活动，因此更多考虑投资的活动会如何影响他们生活的其他方面（Shah et al., 2002）。换言之，他们的失败恐惧感与该活动之外的生活领域因素相关联。对于激情较低激情的个体来说，失败恐惧感会驱使他们优先考虑生活领域和心理需求，因此较高的经济成本可能会降低他们对潜在机会采取行动的可能。然而，强迫式激情的人不太重视生活领域，而是专注于对潜在机会采取行动可能会带来的益处。对于他们而言，手头的创业活动是他们的重点——它"控制"着他们怎样投入时间和精力。因此，他们不太关注自己的行为可能会产生的不良后果。事实上，我们（Shepherd et al., 2018）证明，当做出创业决策时，强迫式激情较低的人会更多地关注失败的经济成本所带来的负面影响，而强迫式激情较高的人则较少关注这一点。

3.7 保护自然和社区的创业动机

除了知识（见第 2 章）外，集中注意力的动机也是机会识别的一个关键因素（Baron, 2006; Kirzner, 1979; McMullen & Shepherd, 2006）。当人们或组织感到他们的心理或身体健康处于危险中时，他们可能会形成关注自然和社区环境保护的动机。

（1）人们通常有动力对可持续发展的机会采取行动，以增强或保持健康。例如，污染对自然环境的破坏会危害许多人的生活，并且过度使用自然资源会减少赖以生存的食物供应（Sala, 2006）。此外，研究表明，社区环境日益恶化，包括文化认同丧失、酗酒（Spicer, 2001）以及残疾人群体的预期寿命减少等（McDermott et al., 1998）。因此，面临这些威胁的个体非常愿意关注并利用一些机会——这些机会可以改善、开发与保护自然资源，减少环境污染或消除民族压迫。

在心理威胁方面，自我决定理论试图解析最佳心理功能和健康背后的心理过程（Ryan & Deci, 2000）。具体而言，生活中满足人们对能力、关系和自主性需求的各个方面也能改善心理健康（Ryan & Deci, 2000）。当某些事物威胁到个体生活的这些方面时，也威胁到了他们的心理健康，促使他们更加关注环境威胁的部分。个体对这种威胁的关注越强烈，就越有可能识别到与其相关的机会。

此外，日益恶化的自然和社区环境可能会危及个体对能力的需求，促使他们更加关注环境。当人们开始相信自然环境正在恶化时，他们可能会感到，作为社会的一部分，他们没有很好地管理自然环境，不能保证子孙后代有适宜的生活条件。例如，气候变化和臭氧层消耗的负面后果在下一代（Dentener et al., 2006）将变得更加严重，而物种的灭绝以及森林和海洋等自然栖息地的减少将无法被完全修复。同样，社区环境恶化会阻碍个体满足自身的能力需求，因为这会影响到下一代的福祉。例如，由破坏带来的家庭分裂也破坏了子女和后代的福祉（Amato, 2005）。如果个体认为自己或社会未能保护自然和社区环境而引发了这些负面结果，那么他们对能力的需求会更多，同时他们对保护环境机会的敏感度也将会增加。

日益恶化的自然和社区环境也会对人们的相关性需求（即他们需要与他人联系）产生负面影响（Ryan & Deci, 2000）。首先，当环境的恶化主要危害下一代时，可能会使这一代人与下一代人之间的关系发展变得更具挑战性。例如，孩子可能会责怪父母（或者祖父母一代）过着以自我为中心的生活，他们利用且破坏自然，为孩子带来了许多不得不忍受的问题。

（2）日益恶化的自然环境通常会给地球人口带来不平等的痛苦。通常情况下，遭受痛苦最严重的人并不是引起环境恶化的人，因而这两种类型的人会难以建立关系。例如，臭氧层消耗、全球变暖和过度捕捞主要归因于发达地区和发达国家的工业活动，然而这些破坏生态系统的活动所造成的大量而显著的代价却被强加于发展中国家（Srinivasan et al., 2008）。这些发展中国家的人们可能会责备发达国家以自我为中心且不负责任，从而损害了跨社会的人际关系建设。

（3）当家庭遭到破坏时，脆弱不堪的社区环境会干扰父母与子女之间的社会关系。随着斗争和关系问题的增多，人们的相关性需求就得不到满足。在这种情况下，他们可能会把重点放在保护自然和社区环境的机会上，以避免对他人和下一代人造成伤害。

（4）对自然环境和社区环境的改变也可能干扰到个体对自主性的需求。为了体验自主性，人们需要有一组可用的选项（Ryan & Deci, 2000）。但是，随着环境条件恶化，这些选项会减少。例如，全球变暖已经造成（或正在造成）珊瑚礁消失（Tourtellot, 2007），气候变化也阻碍了许多地区的作物和有营养的植物的生长，限制了世界各地食物的数量和多样性。此外，当社会群体受到干扰时，人们与他人（尤其是其他群体成员）发展社会关系的选项就会减少。由这些例子可见，当自然和社区环境的变化增多时，个体的选择权会减少，难以满足他们对自主性的需求，因此他们会更关注保护环境的机会。

当人们的身体和心理健康越发受到威胁时，他们就更愿意对可持续发展的机会采取行动。换言之，感受到的威胁越大，人们就越倾向于关注威胁产生的原因，而非与威胁无关的信息（McMullen et al., 2009）。因此，当自然和社区环境面临很大的威胁时，个体很可能会采取行动来保护该环境。衰退的自然和社区环境中的威胁，可能会让他们将创业知识和环境知识相结合，以识别可持续发展的机会。一般来说，在个体感知到威胁并克服最初的恐惧后，他们会仔细寻找应对威胁的机会（Beck & Clark, 1997）。当"对威胁进行详尽的战略处理"时，人们对信息的处理速度较慢，会出现一个"二级评估过程。在这一过程中，焦虑的个体会评估其应对资源的可用性和有效性，以应对感知到的威胁"（Beck & Clark, 1997: 53）。换言之，当心理和身体健康受到环境（自然或社区）恶化的危害时，个体会寻求和评估处理该威胁的机会。届时他们会利用先验的环境或社区知识以及创业知识。在这个评估过程中，他们可能逐渐发现环境知识和创业知识之间的互补关系，两种知识形式可以结合起来帮助人们识别机会。另一方面，当个体感觉到环境恶化的威胁较小且较少进行评估活动以应对威胁时，就算他同时具有这两种知识储备（即自然或社区环境和创业知识），他也不太会有动机将两者联系起来以识别机会。

3.8 推动社会发展的创业动机

个体和组织对为弱势群体创造经济和非经济收益动机的关注各不相同。我们研究了两种可能来解释这些差异的来源：个体感受到社会（预期）状况对自己身心的威胁程度，和利他主义。

当人们认为当前或预期的社会状况会使他们的身体健康处于危险中时，他们将更有动力去利用机会来改善社会。例如，在 1983 年之前，美国的制度环境不鼓励制药公司生产治疗罕见疾病的药物，因为人们对这类药物的需求很小。所以许多患有罕见疾病的人在急需治疗时存在很大的困难。这种对自身健康的威胁驱动一些患者采取行动改变制度环境，促使制药公司制造治疗罕见疾病的药物。其中一些人建立了全国罕见病组织并推行了《罕见病药品法》。《罕见病药品法》是一项法律框架，为制药公司提供罕见病药物的营销专有权。这些行动不仅有助于患者本身的健康，也极大改善了社会中其他人的医疗状况（Austin et al., 2006）。

此外，随着个体对能力、相关性和自主性的心理需求受到更大威胁，他们会越来越关注推动社会发展的机会（Ryan & Deci, 2000）。例如，一些国家的法律框架无法应对腐败和暴力（Paldam, 2002; Karstedt, 2006），因此，居住在这些国家的人可能认为他们（以及他们所居住的社会）无法发展相关体制来为他们和孩子提供和平安全的环境。再者，识别可持续发展的机会能够帮助个体处理对相关性需求的威胁。例如，当个体识别到一个促进制度变革和改善少数群体权利的机会时，他们会与少数群体以及支持慈善事业和志愿事业的人建立关系（Austin et al., 2006）。最后，个体可能会关注推动社会发展的机会以满足其自主性需求。例如，与一个国家的大多数人相比，少数族裔群体往往没有平等的机会或权利，这阻碍了他们（及其子女）提高其社会经济地位和个人发展的能力。这些人可能会有动力去追求机会，以改善他们的处境并增加他们的选择权，因为这些机会可以满足他们对自主性的心理需求。

社会（预期）状态对个体身心健康威胁的增强，还会影响他们的自然或社区环境知识、创业知识以及发现可持续发展机会的可能性之间的关联。如上所述不断增加的身体和心理威胁促使人们仔细考虑和确定克服这种威胁的机会（Beck & Clark, 1997），进而可能导致个人发现他们的环境知识和企业知识之间的互补性。例如，一个了解减少污染的技术和汽车市场的知识的人可能识别不出向汽车行业引入新技术来减少空气污染的机会，因为他不认为汽车造成的空气污染是自己所处的社会中的问题。然而，如果这个人生活在一个人们因交通导致的空气污染而遭受严重健康问题的国家，他对能力的需求可能得不到满足，因为他（和其他人）无法维持一个健康的社会。这种心理威胁可能会促使他寻求创造一个让社会健康程度提升的机会，而且他还善于寻找开发减排汽车的机会，这一切的基础就是他有关空气污染和汽车市场的先验知识之间的互补性。

除了威胁，利他主义也可以让人们关注推动社会发展的机会。当人们对弱势群体产生共情和同情时（Batson, 1991; Davis, 1996），他们通常会有帮助他人的利他动机。共情程度高的人会将自己置于弱势群体的情境中，思考和感受他们的生活，并体验与这些群体相似的情绪（Eisenberg, 2000）。能够与贫困社会中的人共情的个体可以（至少在某种程度上）亲自体验这些人为养家糊口挣扎的悲痛。与穷人共情的人越多，他们关注机会的动机就越高，这些机会有助于减少穷人的消极情绪体验和困扰，而且其中部分情绪是关注者自己的情绪。他们很可能会对有利于可持续发展的机会采取行动，以改善穷人的境况，也改善他们自己的情绪状态。例如，这些人可能会关注改善贫困儿童健康状况同时又保护自然环境的机会，比如开发成本较低的技术流程来将污水转化为饮用水（Prahalad, 2007）。

与有共情心的人一样，有同情心的人可以思考和感受自己陷入他人的不利处境时的状况。然而，与共情者不同，有同情心的人经历的情绪不同于处于不利处境的人的情绪（Eisenberg, 2000）。例如，那些同情穷人的人了解穷人对孩子健康和营养的忧虑。然而，他们不会亲身体验这种悲痛，而是会同情穷人的困境。同情是一种利他主义的情绪，它促使人们帮助他人缓解痛苦，即使自己需要付出高昂的成本（Dijker, 2001）。总体而言，同情穷人的人愿意去帮助穷人，并有动机去利用那些可以改善穷人生活的机会。

共情和同情会驱动个体对促进人与社会发展的机会采取行动，这一驱动程度似乎取决于共情和同情给他们自己带来的痛苦程度。个体的痛苦可能来自过度的共情或同情（Hoffman, 1982），因为高度消极的情绪会威胁个体的心理健康情况（Eisenberg,

2000）。例如，那些与穷人产生共情，并对他们孩子的营养感到担忧的个体亲身体验了这种担心，因而感到痛苦。为了避免这种痛苦，人们有时变得不那么利他主义，而是更关注自己（例如，Wood, 1990），从而降低了自己对创业机会采取行动来帮助他人的动机。换言之，极度沮丧的共情个体反而可能不去关注穷人和他们的痛苦，以避免自己亲身体验这种消极情绪状态。然而，那些能够更好地调节自己的情绪并处理自己的痛苦的人，可以更好地对弱势群体产生共情和同情，自己也不会过度痛苦（Eisenberg, 2000）。当他们感到共情和同情时，这些人的心理健康受到的威胁较小，从而使他们更有动力去帮助他人解决问题，并根据潜在的机会发展社会。

如上所述，创业知识能够改善有关自然或社区环境的先验知识与识别可持续发展机会的可能性之间的正向关联程度，其改善程度也受到个体的利他主义、共情和同情的影响。人们可能既有环境知识，也有创业知识，但很少有动机去发现两者之间的互补性，或者将两者结合起来，找出利于保护环境和推动社会发展的机会。然而，利他主义、共情和同情可以提供这样的动机。

3.9 健康和创业动机

研究表明，有健康问题的人往往会选择自主创业。例如，那些认为自己在传统职业环境中难以晋升的人（例如残疾人）可能会被创业吸引（Kendall et al., 2006; Callahan et al., 2002）。具体而言，残疾人往往更喜欢创业型职业，因为这些职业会为他们提供便利（Arnold & Seekins, 2002; Hagner & Davies, 2002）。虽然大多数组织已经在工作场所为员工安置了便于行动的设施（Batavia & Schriner, 2001），但残疾人通常需要其他额外条件，如灵活的日程安排，以确保他们的健康和治疗计划。这些人往往高度重视自主性（Arnold & Seekins, 2002; Hagner & Davies, 2002）。例如，同事和我（Haynie & Shepherd, 2011）发现，很多在伊拉克和阿富汗受伤的士兵和海军陆战队员被迫成为创业者，部分原因是他们需要自主性，因为遵从别人的命令几乎会导致他们的死亡。而且在健康方面，他们已经不得不遵从医生和护士的命令了。同样，我们（Wiklund et al., 2016）发现，患有注意缺陷多动障碍（ADHD）的个体认为创业是一条有吸引力的职业道路，因为这样可以调整工作环境以纠正 ADHD 相关症状（如不同的精力水平、不断变化的注意力焦点及日常活动中的问题）。事实上，统计数据显示，相比于非残疾人，残疾人选择自主创业的可能性高一倍以上（U.S. Census Bureau（美国人口调查局），2002）。因此，健康问题引起的限制似乎会促使残疾人选择创业型职业。这些职业提供了灵活性，使他们能够照顾与自身健康相关的需求并获得治疗。

与此主题相关的研究发现和空白为我们提供了各种研究机会。

（1）尽管创业型职业通常比薪水型职业具有更高的灵活性，但创业型职业提供的灵活性的数量和类型各不相同。例如，想要利用外部资本发展业务的创业者通常会发现，与利用内部资本来限制企业增长的人相比，他们必须出让更多的经营责任（Wasserman, 2008）。由此可见，不同的健康问题可能需要不同的工作灵活性。目前我们还不清楚激励个体成为创业者的主要健康问题与何种灵活性需求相关。这些创业者如何利用灵活性来改善他们的健康状况或减轻他们的健康问题？为什么某些创业者能够更有效地利用灵活性来减轻他们的健康问题？上文讲了利用创业型职业的灵活性来处理健康问题的人，但其他创业者（受其他动机驱动）也可能会利用创业型职业的灵活性来改善他们的健康状况。例如，创业型职业的灵活性可以给人们时间来参加娱乐或体育活动。

（2）创业型职业所提供的自主性存在差异，而不同创业者的自主性需求不同。研究人员可以更详细地调查个体健康问题与他们自主性需求之间的关系。例如，他们可以探索为什么某些健康问题会让人们渴望得到更多自主性，这些差异如何体现在所创建的新公司中？如上所述，我们（Haynie & Shepherd, 2011）研究了战斗中受伤的海军陆战队士兵和他们对自主性的渴望。这些发现意味着当个体的健康相关问题与失控（缺乏控制导致健康相关问题，或健康相关问题导致缺乏控制）相联系时，他们可能更强烈地希望自主创业。

（3）除了自主性、灵活性和方便设施外，在选择创业型职业时，或者在不同类型和路径的创业事业之间进行选择时，有健康问题的个体还会考虑其他哪些因素？如上所述，自我决定理论认为人们对能力和归属感的心理需求也要被满足（Ryan & Deci, 2000; Deci & Ryan, 1985）。当健康状况不佳时，他们无法承担特定的任务，因而偏向于从事创业事业，从而开发和使用新能力（Haynie & Shepherd, 2011）。因此，成为一名创业者可以帮助对能力（或展示能力的能力）失去信心的个体重拾信心，从而对他们的健康产生益处，尤其是心理健康。

（4）健康状况不佳可能会带来孤独感（Molloy et al., 2010）。孤独是一种情绪状态，当个体觉得被他人疏远或误解并因此感觉缺乏社会融合时（Rook, 1984; Donaldson & Watson, 1996），他们就会感到孤独。这与单独一个人不同，有时人们一个人待着是为了寻求快乐。研究表明，孤独会加重与健康有关的问题（Hawkley & Cacioppo, 2010; Sugisawa et al.,1994; Thurston & Kubzansky, 2009）。事实上，一项研究表明，孤独者死亡率比不孤独者高45%（Holt-Lunstad et al., 2010）。创业生涯的追求如何影响与健康相关的孤独感？创业者通常被称为"孤独的狼"（独来独往的人），而"成为老板"通常意味着将创业者与其下属分离开来。这种分离可能会导致孤立感和孤独感（Akande,1994；Gumpert & Boyd, 1984；Hannafey, 2003）。然而，创业者通常可以选择他们想要共事的人（Forbes et al., 2006）。此外，一些新公司由创始团队创建（Ucbasaran et al., 2003），因而团队成员能够形成足以抵制孤独的友谊。

（5）有健康问题的人可能因为上述原因决定成为创业者，但有时由健康问题带来的成本会阻止他们创业。健康不佳可能会带来高昂的经济成本、大量现金支出、收入损失和家庭资产枯竭（Poterba et al., 2010）。这些成本会减少创办新企业的资金。然而，根据创业的定义，创业是对现有资源之外的机会的追求（Baker & Nelson, 2005；Brown et al., 2001；Stevenson, 1983）以及强调创业者以现有资源为起点来进行有效推理（Sarasvathy, 2001），所以即便资源有限，创业仍然可行。

（6）除经济资源之外的其他资源也可能因健康问题而枯竭。健康不佳也可能导致人们无法把时间（Stewart et al., 2003；Weiss et al., 2000）和精力投入与工作有关的活动（或者有时正好相反，即创业能够带来能量以改善健康问题）。

3.10　创业动机与他人健康

如上所述，直接经历健康问题的人往往有动机去识别机会并采取行动来改善健康。然而，在识别和利用改善健康的机会时，个体不一定需要直接经历健康问题。

（1）一些人具有亲社会动机，即"因为想要帮助他人而花费精力的愿望"（Grant & Berry, 2011: 77）。亲社会动机影响认知处理（Kunda, 1990；Nickerson, 1998）。Grant 和 Berry（2011）发现，亲社会动机可以促进换位思考，从而使人们以更有创意的方式概括有价值的想法。换位思考是"一个认知过程，在这个过程中个体采用他人的观点来试图理解他们的偏好、价值观和需求"（Grant & Berry, 2001: 79）。这个过程可以让个体洞悉他人健康问题的本质，对他们识别有助于解决这些问题的机会至关重要。虽然亲社会动机并不一定会消除自利行为，但至少在某种程度上，能够在个体管理知识产权的方面发挥作用。例如，霍华德·温斯坦（Howard Weinstein）解释了为什么他没有对 Solar Ear（一种便宜且耐用的太阳能助听器）申请专利。他指出，他想用这项技术帮助更多人，而知识产权保护的成本会增加整体产品价格，这与他的帮助目标背道而驰。此外，他表示："我确实希望 Big 5 复制我们的技术，并利用他们的分销能力为发展中国家提供更多低成本的助听器和电池"（kopernik.info/en-us/story/howard-weinstein-solar-ear）。因此，亲社会动机不仅会帮助人们发现潜在的有益健康的解决方案，而且还会促使他们采取行动来应对这些机会。

（2）研究表明，亲社会动机可以驱动员工进行换位思考并进行创新（Grant & Berry, 2011）。亲社会动机并不一定排除为行动者的利益，但亲社会动机的个体有帮助他人的愿望（Grant, 2007; Grant & Berry, 2011）。同样，我们（Shepherd & Patzelt, 2015）提出，健康相关的创业企业可能为创业者创造利润，同时也很有可能改善他人的健康。研究人员有机会通过发表具有深刻影响的高质量研究来探索能够"产生影响"的现象（健康是因变量），同时也能改善他们的职业生涯。因此，我们希望学者在选择研究课题时具有亲社会动机。

（3）创业者的亲社会动机可能差异很大（尽管这仍是一个经验问题）。亲社会动机的这种差异与健康相关的创业企业有什么影响？可能只有极具亲社会动机的人才会识别与健康相关的机会并采取行动。但是，由于创造利润的可能性很高，也有可能"各种各样"的创业者会决定进入这个行业。未来研究可以探索创业者的亲社会动机水平与机会利用差异之间的关系。例如，与那些亲社会动机较弱的人相比，亲社会动机较强的创业者是否会在更激进的健康机会上采取行动？如果会，那是因为这些创业者采取换位思考来筛选了更适合解决健康问题的机会吗（Grant & Berry, 2011）？或者，创业者是否愿意接受不确定性，从而在亲社会动机的支持下采取更激进的行动？也许具有较高亲社会动机的个体更倾向于利用更有可能大大减少他人痛苦的机会。此外，学者们可以调查为什么一些具有亲社会动机的创业者利用机会来解决他人的健康问题，而其他具有亲社会动机的创业者则专注于以与健康问题无关的方式帮助他人的机会。

（4）寻求改善他人健康的创业机会可能存在阴暗面：

利用机会改善他人健康的过程可能会对创业者造成不利的健康影响，从而损害创业者进行创业活动的精力，进而损害其动机。

正如所有的创业机会一样，潜在的健康机会在本质上是不确定的，因此创业者可能以失败收场。当失败发生时，它可能带来负面的健康影响，从而对后续创业动机产生负面影响。例如，创业者本想通过创业来减轻他人的痛苦，但如果创业失败，他人会继续痛苦下去，这时候创业者就更悲痛（Shepherd, 2003）。此外，当创业者成为他人健康福利的关键来源时，他们的创业努力对自身健康的影响就变得更加重要。

3.11 创业动机与破坏自然

如第2章所述（以及上面简要介绍的），对自然环境的危害是指破坏物质世界的固有价值（Muehlebach, 2001），即地球、生物多样性和生态系统（Parris & Kates, 2003），并减少现在的人口和后代赖以生存的资源（Daily, 1997）。机会对自然环境的特定损害可能会对创业者对其吸引力的评价产生不利影响，创业者原因有很多。例如，追求损害环境的机会有可能损害创业者个人或企业的声誉。调查结果表明，非法活动会损害管理者和组织的声誉（Karpoff et al., 2008; Karpoff & Lott, 1993; Wiesenfeld et al., 2008）。然而，创业者会以不同的方式判断预期损失的重要性，因为个人价值观可能会影响这种判断。例如，Agle 等（1999）表明，当做出影响公司业绩的决策时，他人价值观会影响 CEO 赋予员工的重要性。价值观是"一种持久的信念，即个体或社会更偏向某种行为模式或存在的最终状态"（Rokeach, 1973: 5）。因此，价值观是指导决策和后续行动（Fishbein & Ajzen, 1972; Spash, 2002; Thgersen & Olander, 2002）的信念（Schwartz & Bilsky, 1990）。

就自然环境而言，对自然的尊重是指"管理所有生物物种和自然资源时保持谨慎态度"，以便将它们"保护下来并传给我们的后代"，并认识到"以前的生产和消费方式是不可持续的，必须要进行改变"（United Nations General Assembly, 2000），可能损害自然环境的但极具吸引力的机会与这套价值观相矛盾。因此，当得知对自然环境有负面影响的机会的信息时，与亲环境价值观较弱的创业者相比，亲环境价值观较强的创业者将更多地关注该信息，并在机会评估中更强调该信息。事实上，我们（Shepherd et al., 2013）证明，当创业者评估机会的吸引力时，他们的亲环境价值观越强，他们就越会强调自己决策中的机会对自然环境产生的具体危害。

具有强烈的亲环境价值观并不能保证创业者不会去尝试利用破坏自然环境的机会。一些创业者在决策过程中与该价值观渐行渐远。例如，那些认为自己对生活缺乏控制且相信命运和运气决定了生活中的事件的人（Detert et al., 2008; Levenson, 1981），往往更容易脱离他们的价值观。这些控制自身能力的信念包括对个体有能力完成基本任务的信念，以及这种表现会影响后续事件和结果的信念。

3.11.1　创业自我效能

自我效能指的是个人相信自己可以实现自己所设定的目标，从而成功地实现自己的目标（Utsch et al., Frese, 1999; Zhao et al., 2005）。这种相信自己可以实现任何设定目标的信念，尤指可以成功开始和管理一项业务，即创业自我效能（Chen et al., 1998），可能会通过某些原因使人们脱离他们的亲环境价值观。

自我管理的核心是人们做的事情"让他们满意并且有自我价值感，他们不会违反自己的道德行为标准，因为违反标准会让他们自我谴责"（White et al., 2009: 42）。在人们认为自己能够完成任务时，他们的满足感和自我价值感会有所提升，而实际完成这些任务会进一步提高他们感知的能力（Ryan & Deci, 2000, 2001）。因此，"自我效能信念是人类自我调节的一组重要决定因素"（Bandura, 1991: 257）。就创业而言，创业自我效能意味着个体相信自己能够完成创业和成功管理企业所涉及的任务（Chen et al., 1998）。事实上，研究人员发现创业自我效能、创业行为意图（Zhao et al., 2005; Zhao, et al., 2010）以及创业行为（Boyd & Vozikis, 1994）呈正相关关系。

一项重要的创业任务（即创新）包括开发新思想、产品、流程和市场，而代表创业自我效能子部分的其他活动取决于有效机会的开发（Chen et al., 1998）。个体通常会被自己能胜任的活动吸引（Bandura & Schunk, 1981; Ryan & Deci, 2000），而自我效能高的人经常被吸引到可以测试和发展他们技能的挑战性任务中（Csikszentmihalyi, 1978），或者被能带来个人满足感的经历所吸引（Srivastava et al., 2010）。毕竟，这些人（往往激情地）相信他们可以成功地完成这些具有挑战性的任务。因此，当遇到可能破坏自然环境的机会时，创业者具有较高自我效能感的个体经常希望抓住机会，并利用自身能力积极开拓这些机会。不过，如上所述，个体的道德价值观最终可能会限制这种行为。因此，在这种情况下，个体在增强自身满意度和自我价值的行为之间会发生冲突，甚至会同时违反他们的道德准则并导致自我谴责。正如 Bandura（2006: 171）所说，"在有害行为带来有价值结果的道德困境下最有可能发生选择性道德脱离"。

相比之下，对于创业自我效能感较低的个体而言，在评估机会对自然环境造成危害的吸引力时，他们的满意度和自我价值与道德价值之间的紧张程度最小。这些人怀疑这样的机会是否会带来好处，因为他们不相信自己能成功利用这些机会。一般来说，自我效能感低的人很容易被障碍所阻止（Gist, 1987），这种障碍也包括他们自己的亲环境价值观。这些人也可能觉得自己很难控制创业状况和结果（Markman et al., 2002）。

3.11.2　感知的行业宽裕性

个体通过自我效能在系统条件的限制下发挥作用（Bandura, 1991）。系统条件是指"环境的可变性或可控性……（且代表）行使个人效能的机会结构和容易获得这些机会结构"（Bandura, 1991: 269）。对于创业者而言，一个重要的制度条件是行业，特别是行业宽裕性，即"在某个环境中运作的（一个或多个）企业所需的关键资源的稀缺性或丰富性"（Castrogiovanni, 1991: 542; 参见 Dess & Beard, 1984）。

一些行业拥有丰富的资源，并且代表了一个决策环境，在这个环境中，糟糕和良好的判断带来的结果类似。换言之，在这种情况下，高水平的行业优势可以弥补创业和战略上的不足（Tsai et al., 1991）。由于其更大的环境容量，宽裕的环境支持企业增长和稳定，并允许企业在未来的困难情况下进行缓冲（Dess & Beard, 1984）。事实上，有些人把这些资源丰富的产业描述为撑起所有船只的浪潮（Wasserman et al., 2001）。另一方面，较不宽裕的环境（即环境容量较小的产业）（Dess & Beard, 1984）则具有激烈的竞争特征（Aldrich, 1979），很少有可利用的机会（Covin & Slevin,

1989），且充满障碍（Khandwalla, 1976, 1977; Miller & Friesen, 1983）。因此，这些资源匮乏的行业更具"选择性"，决策者的选择对绩效结果的影响要比其他更宽裕的行业更大（Covin & Slevin, 1989; Tushman, 1977; Zahra & Covin, 1995）。因此，在人们认为不太宽裕的环境中（与被认为更为宽裕的环境相比），个体发挥作用的信念更高，因为他们更可能认为决策会对相关结果产生更大的影响（包括预防不想要的绩效结果）。

个体感知的行业宽裕可能直接影响他们脱离亲环境价值观的程度。宽裕行业的企业可以通过多种方式发展和获利（Brittain & Freeman, 1980; Tushman & Anderson, 1986）。因此，对破坏自然环境的机会采取行动很可能只是提高公司绩效的众多手段之一。此外，个体可能认为机会利用本身是提高公司绩效的不合理风险方式（Covin & Slevin, 1989）。这时，机会成本与评估标准之间的冲突最小。因此，感知到宽裕条件时，个体往往充分保持其亲环境价值观，并且他们不容易被可能会对自然环境造成损害的机会所吸引。

相比之下，不够宽裕的行业则以"缺乏易于开发的市场机会"为特征（Zahra & Covin, 1995: 48），而且机动性极小。在这些环境中，企业促进发展和盈利的手段更少。这意味着仅剩的一小部分机会里，可能有对自然环境造成损害的机会。事实上，学者们发现，与资源较宽裕的行业相比，在资源稀缺型行业中，公司创业对企业绩效的影响更为显著（Covin & Slevin, 1989; Miller & Friesen, 1983; Zahra & Covin, 1995）。因此，相比于宽裕的行业环境，当个体认为行业不宽裕时，寻求机会的重要性更容易与其亲环境价值观相冲突，即使机会可能伤害环境。当这种价值观念与结果信念之间的冲突增加时，决策者在评估机会时更容易脱离其价值观。例如，这样的决策者可能会声称，在发展了对环境不友好的机会或行业变革之后，他们在未来会更有条件只追求环保的机会。

3.12　个人价值观与创业动机

虽然人格特质与创业之间的直接联系还不明确，但创业者显然是创业过程的重要组成部分（Shook et al., 2003）。在近期对创业者个人特征的研究里，学者们已经不再寻找"人格特质的跨情境一致性"（Shaver & Scott, 2002），而是开始探索个人特征、动机、认知和行为的深层模型（例如，Baron, 2004; Baum & Locke, 2004; Baum et al., 2001; Busenitz & Barney, 1997; Mitchell et al., 2004; Rauch & Frese, 2007; Zhao et al., 2005）。例如，Baum et al.（2001）以及 Baum 和 Locke（2004）指出，坚韧和激情等个人特征与新公司成长没有直接关系，但与增长动机相关。此外，Rauch 和

Frese（2007）以及 Zhao 和 Seibert（2006）使用定量分析来说明研究人员有必要探索更多的中介变量和调节变量，而不是仅关注个人特征与创业成果之间的直接关联。深入理解创业者和近期结果（包括认知、动机和决策）之间的关联后，我们可能会对创业过程有更生动和全面的认识（Shane et al., 2003）。我们在本节中研究了个人价值观如何激发创业决策。我们选择探索个人价值观，是因为心理学研究现存文献中指出个体的价值观和选择密切相关（Feather, 1990）。因此，关注个人价值观为研究决策提供了一个全面的框架（Rohan, 2000）。

个人价值观是动机选择的核心（Judge & Bretz, 1992）。价值观是个人观察潜在行为及其吸引力的视角。因此，个人价值观的优先顺序为预期结果（Feather, 1982）和"决策原因"（Rohan, 2000: 270）提供了效价（即可取性）。因此，个人价值观影响他们如何界定情况，评估其他选项的可行性，并最终决定行动方针。当创业者决定创业时，他们对成功结果吸引力的重视很可能（在某种程度上）取决于他们的个人价值观（Holland & Shepherd, 2013）。

个人价值观来源于他们对基本需求的认知表征（Rokeach, 1973; Schwartz, 1992）。尽管学者们已经研究了数十年的价值观，但普遍认为 Milton Rokeach（1973）的 Rokeach 价值调查是这一系列价值研究的起点。Rokeach 的工作基于这样的假设：有限数量的"终极人类价值观"是个体的内部参照点，是判断和动机的基础（Rohan, 2000）。在 Rokeach（1973）工作的基础上，Schwartz（1992）建立了一个更全面的价值理论。这个理论包含了价值体系的总体结构。该理论预测了众多实际情况下的决策和行动（Bardi et al., 2008）。我们在本章中运用了个人层面的 Schwartz 价值理论（1992）。根据 Schwartz（1992）的观点，有十种基本的普遍价值类型。这些价值类型包括权力、成就、享乐主义、刺激、自我定向、普遍性、慈善、传统、遵从和安全。基于这些价值观动机结构间的异同，Schwartz（1992）又提炼出四种高阶价值观类型，即对变化持开放性态度者、自我超越者、自我提高者和保守者。高阶价值观需要排成圆环状，这样相邻的价值观动机相互共通，而相对的价值观动机互不兼容。虽然 SchwartzSchartz（1992）认为相反的价值观之间并非呈负相关关系，但如果个体同时持有相反的价值观时，冲突的动机则可能会增加决策过程中的内部冲突（Schwartz, 1992）。研究人员已经通过实证证明，Schwartz 的价值类型的理论结构是可靠的，可以推广到各种样本（Morris et al., 1998）。通过这种综合价值结构，研究人员可以探索相关价值集合如何影响经济和非经济回报的可取性，以及与坚持创业的转换成本（Feather, 1995）。

3.12.1 自我提高者

自我提高包括权力、成就和享乐主义的价值观。这些价值观的核心是发展自己的利益，即使它会给他人带来损失（Schwartz，1992）。具有高度自我提高价值观的创业者会努力争取企业的最大成功，因为他们想获得社会地位和认可。这些人经常准备投入大量的时间和精力来展示他们事业上的能力和成功（Bardi & Schwartz，2003）。他们通常喜欢控制资源和员工，并且他们知道，创建一个繁荣的企业可以为自己带来正面的公众形象和杰出的社会地位（Scheinberg & MacMillan，1988）。

在商业环境中，成就和权力通常与公司的经济业绩相关联，会带来更高的收入和财富。重视自我提升的个人可以从"富人更可以自我放纵"中获得满足感。除了满足基本需求外，这些人还可能寻求满足欲望和奢侈品的机会（Bardi et al.，2008）。事实上，许多创业者进入创业生涯的主要动机就是有机会实现获得高收入的愿望和被认可（Carter et al.，2003；Kuratko et al.，1997）。因此，对更重视权力、成就和自我享受的个体来说，经济回报可能在有关创业事业吸引力的决策方面发挥更重要的作用（Holland & Shepherd，2013）。

3.12.2 对变化持开放性态度者

对变化持开放性态度价值观包括刺激、享乐主义和自我定向。欣赏开放性的人喜欢独立思考和行动，并从生活的挑战和刺激中获得快乐（Schwartz，1992）。这些人喜欢尝试新的方法，不害怕挑战，并终将消除传统角色和体系。此外，愿意改变的人会发觉学习具有刺激性，并喜欢利用他们的智力来创造、创新产品（Shane et al.，1991）。他们往往在自我监管体系方面有更高的晋升重点。他们经常寻求自我成长并完善理想的自我（Brockner et al.，2004）。因此，对变化持开放性态度的人会强调创业行为的非经济利益，比如自我实现和经验学习。

自我提高者及对变化持开放性态度者都有享乐主义的价值观。然而，他们以不同的方式满足自己的欲望和寻求快乐（Schwartz，1992）。重视自我提高的个人从权力和成就中获得更大的满足感，而那些对变化持开放态度的人则会探索新的经历并自定目标（Bardi et al.，2008）。此外，对于将开放性作为自己生活指导原则的创业者来说，创业生涯带来的自由也给他们增添了乐趣（Carter et al.，2003）。自由控制自己的日程安排和工作生活，以及有机会顶着许多"不同头衔"，会给创业者带来比经济回报相同（或更多）的精神收益。因此，与不重视开放性的个体相比，对变化持开放态度的创业者可能会强调在决策过程中从创业行为中获得的非经济利益（Holland & Shepherd，2013）。

3.12.3 自我超越者

构成自我超越的价值观包括关爱众生和慈善。关爱众生和慈善是相似的，因为两者都关注他人。然而，关爱众生通常与个体密切联系之外的人们相关联，而慈善则与个体亲密环境中的人们相关联（Bardi et al., 2008）。这些自我超越的价值观驱动个体超越以自我为中心的利益，改善他人的生活，包括熟人、同事，自己生活的社区和整个世界（Schwartz, 1992）。持有这些价值观的人倾向于关注与自己互动的人，他们乐于助人、以诚待人且态度忠实。当他们与他人建立积极关系时，他们就成功了（Mikulincer et al., 2003）。他们通过改善伙伴的生活而受到启发和激励，并且他们会因从其他受益者处获得的心理益处而狂喜（Lyons et al., 2007）。

具有高度自我超越价值观的个体很可能参与社会创业（Hemingway, 2005）。这些人可能会被激励去开创新事业，而这些事业提倡每个人享有平等机会、环境保护，在发展中国家有更好的生活水平或其他社会改善措施。在创建新企业来解决这些问题时，拥有自我超越价值观的创业者可能会获得满足感，从而对利益相关者（包括员工和客户）的生活产生持久的积极影响。因此，与自我超越价值观较低的个体相比，自我超越观较高的个体在创业决策中更倾向于强调这些形式的非社会效益（Holland & Shepherd, 2013）。

3.12.4 保守者

与保守有关的价值观包括传统、遵从和安全（Schwartz, 1992）。喜欢保守的人通常致力于长期的标准、理想和传统，并重视社会稳定、保存习俗和适度行动（Schwartz, 1992）。例如，保守价值观较强的求职者会更注重潜在雇主的家族所有权，因为家族所有权通常与公司的稳定性和传统相关（Hauswald, 2013）。因此，具有高度保守价值观的创业者在开始创业时往往优先考虑稳定性。个体或家庭安全也可能成为这些个体决定开始或坚持创业的另一个动机（Kuratko et al., 1997）。这些人的行为强调自我控制和谨慎，并且可能会维持现状，往往与传统角色保持一致，同时他们会努力与他人建立和谐的关系（Lyons et al., 2007）。此外，他们往往会遵守社会规范，并且普遍认为人们有责任履行职责（Egri & Herman, 2000）。因此，具有高度保守价值观的创业者更有可能设有预防监管重点，以通过避免变化来减少他们与"应该"的自己之间的差异，因为他们担心这种变化会产生负面结果（Brockner et al., 2004）。因此，当决定创业问题时，他们经常关注变化的潜在成本。

Staw（1981）指出，保持一致性常规会让人们坚持会导致失败的行动计划，因为他们不想被看作放弃机会或无法做出决定的人。保持一致是一种无意识的反应，可以让个体在挑战性的情况下有安全感（DeTienne et al., 2008）。因为具有高度保守价值观的个体喜欢维护习俗和规范，他们可能特别容易受到前后保持一致性常规的影响，从而在他们决定坚持其创业努力时强调与转换机会相关的成本（Holland & Shepherd, 2013）。

3.13 坚持创业行动的动机

研究人员已经研究并测试了先前决定的合理性的动机（Baron, 1998; Keil, 1995），并称其为自辩理论（Staw & Fox, 1977）。自辩理论主要基于 Festinger（1957）的认知不和谐理论，认为"个体会对某项任务采取过度积极态度以证明先前行为的合理性"（Staw, 1981: 579）。因此，人们通常决定继续行动，因为他们想向自己（心理自辩）和他人（社会自辩）证明自己的理性和能力（Keil et al., 2000）。

3.13.1 个人沉没成本推进持久性

最高决策者的个人沉没成本会用于证明先前决定的合理性。创业者不仅经常将经济资源投入企业中，而且还会为企业投入大量的时间和精力（Arkes & Blumer, 1985）。他们的名誉与他们的创业密切相关，从而带来心理或社会自辩。创业者已经投到公司的资源是沉没成本，与现在或未来的决策无关，但这些成本实际上可能会增加个体对自辩的需求。

具体而言，沉没成本是"过去发生的成本，不能通过任何当前或未来的行动来改变"（Devine &Clock, 1995），并且"在潜意识层面创造认知偏见，可能表现为情感依恋"（Keil et al., 2000a,b）。与沉没成本相关的情感依恋可能源于个体捍卫先前行为的需要，并且他们希望自己看起来比他人有能力。例如，Dean et al.,（1997）指出，在行业层面，新企业的退出率与沉没成本水平呈负相关关系。我们认为这种情感依恋也可能发生在创业者身上，因此，企业的持久性将与创业者的个人沉没成本水平呈正相关关系。从这个意义上说，沉没成本可以看成是失败企业退出的障碍，并可以将退出门槛从仅涉及金融信息变成也需要在退出的过程中克服掉沉没成本（Caves & Porter, 1977; Rosenbaum & Lamort, 1992）。

3.13.2 个人自我利益

个人自我利益是另一种形式的自辩。研究人员（Graebner & Eisenhardt, 2004; Jensen & Meckling, 1976）提供的证据表明，人们倾向于根据自己的利益做出决定。代理理论（Jensen & Meckling, 1976）讨论了委托人与代理人之间的目标不一致性，揭示了自我利益的概念，"在代理理论中，当委托人与代理人之间的目标不一致时，会出现一种情况，这时代理人会采取行动以最大化自己的利益，而不会为了委托人的最佳利益而行事"（Keil et al., 2000a: 636）。就个人利益而言，也会出现类似的情况：创业者的目标是最大化自己的价值，这可能会导致他们对公司最佳利益的认知产生偏差。这种情况经常有代理自辩行为。例如，喜欢滑雪的创业者想要在世界级的滑雪场附近建造一座工厂，从而根据是否符合自己的利益而做出决定。创业者可以以公司需求为借口来捍卫这一决定（如招待重要的利益相关者），即使大家都能看出有更加合适且成本较低的地点。

3.13.3　个人机会

自辩动机的第三个触发因素可能是创业者可以获得的个人机会。认知心理学研究（Kanfer, 1990）认为，动机的一个关键方面是能够选择其他行动方案。因此，创业者的一个关键动力来源可能是他们可以获得的个人机会（例如教育、其他工作或退休），这可能会影响他们坚守企业的决定。有关离职的文献表明，其他就业的选项对员工离职很重要（Jackofsky & Peters, 1983; March & Simon, 1958），并且 Graebner 和 Eisenhardt（2004）表明，具有强烈个人动机的 CEO 更可能会出售公司。同样，McGrath（1999: 14）认为，"如果其他活动看起来更赚钱或更有趣，自己的兴趣发生了变化，或者企业的长期增长似乎有限，那么创业者可能会解散一个仍然盈利的企业"，这表明坚守的动机至少部分取决于创业者可否获得其他替代机会。当有其他选项时，个体可以选择最吸引自己的选项，无论这种选择是否符合他们公司的最佳利益。另外，如果除了现有公司之外，创业者没有其他替代选项，或者替代选项不具吸引力，那么他们更有可能坚守在现有公司。

3.13.4　保持一致性常规

保持一致性常规，即人们纯粹因为觉得保持一致最合适，而选择继续行动下去（Cialdini, 1993; Staw & Ross, 1980），是影响个体对特定行动计划承诺的附加因素（Staw, 1981），从而可以驱动创业者继续坚持创业。正如 Cialdini 所提出的（1993: 53），"因为它是一种预先设计的无意识响应方法，所以自动一致性可以提供一个安全的藏身之地，以避开恼人的现实"。因此，创业者会搜索企业中表明坚持是最适当政策的信号，并无视暗示需要改变适应的信息。其中，两个重要信号是企业先前的成功和创业者感知到的集体效能。

3.13.5　先前的组织成功

当创业者相信成功近在咫尺，而且他们仅仅需要"冲过风暴"就能实现时，先前的成功对他们来说是一个坚持下去的动力。事实上，学者们发现先前的组织成功可以带来战略持久性（Audia et al., 2000; Lant et al., 1992）。Audia 等人（2000: 849）表明，"一旦组织取得成功，它们的自然倾向就是继续利用过去成功的策略"。同样，在一项关于实物期权的研究中，McGrath（1999）强调了先前的成功促进持久性的三个关键论点。

（1）创业者往往过分夸大成功，同时又低估失败。此外，先前的成功可能让他们低估风险并高估预期的成功（Levinthal & March, 1993: 105），从而使他们相信自己的毅力最终会带来更大成果。

（2）先前的成功促使持久性，因为"组织将成果分解为成功和失败，并寻求成功与失败的原因"（Levinthal & March, 1993: 97）。由于个人的认知偏见，创业者往往认为他们的成功来自于他们的行为，而失败则是由不幸造成的（Staw et al., 1983）。归因理论学者（例如 Shaver et al., 2001）认为，人们通常试图将成功内化，即认为任何成功都是他们自己努力的结果，并将失败外化。因此，创业者很可能认为，先前的成功是由他们做出的特定决策或可用的资源而非某些外部来源决定的。因此，公司将来会再次取得成功。

先前的成功通常会减少企业改变钢轨工作或技术的意愿，即使这些改变能带来额外的好处（Levitt & March, 1988; McGrath, 1999）。因此，先前的成功似乎使创业者更加自满，满足于现状，不太愿意做出必要的调整而增加持久性。

3.13.6　感知到的集体效能

此外，一致性规范可能"由围绕个人的文化和组织规范决定"（Staw, 1981: 335）。集体效能即一个群体坚信可以有效执行特定任务的集体信念，是一种在持久性决策中起着特别重要的作用的一种组织规范。Bandura 提出（1986: 449），"感知到的集体效能会影响人们作为团体时所做的选择、他们付出努力的多少以及团队努力失败时的坚持"。

虽然集体效能研究还很新，但研究人员（如 Bandura, 1986）认为"集体效能根植于自我效能"，因此应该以类似的方式运作。Multon et al.,（1991）对自我效能与持久性结果之间的关系进行了一项定量分析，结果表明，自我效能感和持久性之间呈正相关关系。这种正相关在广泛的参与者、实验设计和测量方法中具有体现。此外，在集体层面上，学者们表明，集体效能较高的群体比集体效能较低的群体更有可能坚守下去（例如 Hodges & Carron, 1992; Little & Madigan, 1997）。因此，相较于在集体效能较低的环境中工作的创业者，在集体效能较高的环境中工作的创业者（例如创业团队）更有动力坚持自己的创业。

3.14 外在动机

有关企业退出的经济学理论研究人员指出，表现不佳的公司不应该存在，而是应该退出或从环境中消失。然而，实证研究表明，这样的企业会持续存在，有时甚至看不到尽头（如 Gimeno et al., 1997）。我们在上文讨论了表现不佳的公司持续存在的潜在决定因素，但仍有一个问题：为什么一些创业者的坚持决策符合理性的经济观点，而另一些则是非理性的？为了解释创业者坚持决策之间的差异，我们研究了以经济学为基础的模型的一个核心假设：外在动机。

外在动机在研究中经常被定义为经济收入和个人财富（Kuratko et al., 1997），指的是"一种认知状态，反映了个体将其任务行为的力量归因于某种外在结果的程度"（Brief & Aldag, 1977: 497）。研究人员早已认识到，获得经济回报可能是创业行为的重要动机（Campbell, 1992; Kuratko et al., 1997; Schumpeter, 1961; Shepherd & DeTienne, 2004）。上文例子中提到，Schumpeter（1961）指出，以获得经济回报为目标的创业是创业者的一个显著动机。此外，Campbell（1992）关于创业的经济观点表明，当预期的创业利润大于作为员工获得的预期报酬时，人们会选择创业。我们（Shepherd & DeTienne, 2004）提出，潜在的经济回报会激励创业者识别机会，尤其是先验知识水平较低的创业者。同时 Kuratko et al.（1997: 31）指出，"专注于财富的外在目标"在维持创业行为方面发挥着至关重要的作用。

然而，目前探索外在动机对持久性的影响的研究还不足。关于工作满意度和离职率的文献可以提供有用的见解来更好地解释这一关系。研究一再表明，薪酬满意度与员工离职率之间存在负相关关系（meta 分析综述见 Cotton & Tuttle, 1986），而工作满意度与组织认同感之间存在正相关关系（Johnston et al., 1990）。这些研究表明，对从工作中获得的经济收入感到满意的人不仅不太可能离开公司，而且往往会更有组织认同感。组织满足个体期望的程度会影响他们对组织的认同程度（Babakus et al., 1996）。因此，就目前的情况而言，外部动机较低的员工对业绩不佳的公司可能感到满意，而外部动机较高的员工对业绩不佳的公司可能不那么满意。与工作满意度一样，对自己的组织感到满意的人也不太愿意离开。

结论

在本章中,我们探讨了为什么有些人比其他人更有动力参与和坚持创业。我们发现,一类动机更普遍地激发了创业行为(例如,经济回报或某些个人价值观),而其他类型的动机似乎激发了特定类型的创业行为(例如,共情心理激励创业者针对发展中国家的创业行为)。有趣的是,如果无法从事带薪员工的职业(例如,由于受伤或心理障碍等原因),也会激发创业动机。最后,一个关键的发现是,第2章描述的先验知识的影响和本章所描述的先验知识对动机的影响似乎并不相互独立,而是能够共同促进创业行为。

第4章 注意力和创业认知

为什么企业在职的管理者通常难以识别或应对具有重要战略意义的非连续性变化？学者们提出了许多可能的原因，例如经济激励（Christensen, 1997）、惯例的僵化（Levinthal & March, 1993）或缺乏竞争力的分析系统（Zahra & Chaples, 1993; McMullen et al., 2009）。最近，学者们开始关注管理者的注意力在这方面所起到的作用（Eggers & Kaplan, 2009; Kaplan, 2008; Maula et al., 2013）。注意力是指精神活动所需的、非特定的、有限的认知资源，并且这种资源因人和任务而异（Kahneman, 1973）。什么样的环境刺激会使个体的注意力转向或者离开创业项目？知识和注意力之间有什么联系？对于不同的创业项目，例如机会开发或业绩不佳的项目，创业者是如何分配注意力的？认知过程又是如何影响创业者的注意力分配的？本章将试图回答这些问题。

4.1 短时注意力和机会识别

管理者分配注意力的方式可以指导他们参与公司外部环境，进而识别预示着创业机会的环境变化。这些过程可以自上而下进行，也可以自下而上进行。迄今为止，大多数研究运用了自上而下的过程来探讨注意力分配（Cho & Hambrick, 2006; Ocasio, 1997）与识别并理解新机会的能力之间的联系（Eisenhardt & Schoonhoven, 1990; Tripsas & Gavetti, 2000）。研究人员为这些过程提供了不同的名称，但这些概念基本都是一套对管理者的知识结构的概括。管理者利用这些结构来融入环境以识别、理解、响应能够表明潜在机会的环境信号（Bogner & Barr, 2000）。知识结构是"个体强加于信息环境以赋予其形式和意义的一种心智模板"（Walsh, 1995: 281）。高水平的管理者把知识结构作为建立对环境主观印象的基础，并以此做出决策（Dutton & Jackson, 1987; Starbuck & Milliken, 1988）。

知识结构使管理者将注意力集中于与组织环境有潜在关系的特征上（Kaplan & Tripsas, 2008）。研究人员已经证明，当行业变化速度较缓时，这种集中的关注可以提高战略持久性和绩效（Nadkarni & Narayanan, 2007）。例如，宝丽来之所以未能从早期数字成像技术中获利，是因为其高层管理者未能利用最适当的知识结构来应对组织环境中发生的变化。因此，宝丽来最终因为"在新兴市场中的技术实力非常有限"（Tripsas & Gavetti, 2000: 1157）而以失败收场。

在自下而上的注意力分配过程中，无论人们是否注意到环境的突出特征，它都会吸引人们的注意力（Ocasio, 2011）。有关自下而上过程的研究为自上而下过程提供了一个备选项，或者说是一种可能的补充模式。Rindova 等（2010）表示，具有归类、简洁、主题鲜明等格式塔[⊖]特征的序列战略行动，会导致潜在投资者对那些试图造成巨变的创业项目给出更好的评估。他们认为，管理者并不会专注于可能具有重要性的环境特征上，而是会使用格式塔特性来寻找并理解非连续性变化情景中的模式（Whitson & Galinsky, 2008）。在事件发生时，这些管理者能够理解这些事情的意义（Ariely & Carmon, 2000; Ariely & Zauberman, 2000）。同样，我们（Shepherd et al., 2007）调查了对环境的整体描述（主旨大意）如何激活自下而上的过程这一事实。在自上而下的处理过程中，人们通常会忽略一些明显的环境变化。但在自下而上的过程中，高层管理者则能够注意到上述变化。这类研究为自上而下的流程提供了另一种解释，阐明了管理者对意外机会的识别方法，还考察了个体如何发现、理解和使用信息来形成机会信念，并比较了它们在两种过程中的不同表现。

4.1.1 高层次的自上而下的注意力分配和环境变化识别

个体从以往的经验中学习核心概念，随后将这些概念内化为自己知识结构的一部分（Nadkarni & Narayanan, 2007; Walsh, 1995）。核心概念会带来特定的环境预期，从而指导管理者以自上而下的方式分配注意力。这种分配方式使管理者将注意力集中

⊖ 格式塔（gestalt）：格式塔心理学，又称为完形心理学，是诞生于德国的重要心理学分支，该学派主张研究直接经验（即意识）和行为，强调经验和行为的整体性，主张以整体的动力结构观来研究心理现象。——译者注

在他们认为可能会带来机会的环境特征上，从而保证可预测性、高效性和可靠性。此外，这些管理者确实很少关注那些不重要的特征（Nadkarni & Barr, 2008）。渐进式环境变化指的是在消费者偏好、设计元素、竞争动态以及制度中出现的变化，这些变化符合公司目前的发展轨迹，并且几乎不需要对产品组件的组合方式和与"全景"的连接方式进行修改（Henderson & Clark, 1990）。人们通常能预料增量渐进式变化发生的时间和地点（Sirmon et al., 2007），所以当人们通过自上而下的方式来分配短暂注意力时，他们很可能会注意到这种变化。这些管理者会利用他们对公司当前状况的了解，将注意力分配到预期的重要环境特征上。这时，他们知识结构的复杂性已然进一步提高了他们发现渐进式变化的能力。

自上而下的注意力分配可以帮助管理者感知到渐进式变化，但同时也阻止了他们对非连续性变化的关注（Rosenkopf & Nerkar,2001;Tripsas & Gavetti, 2000）。非连续性的环境变化会带来新的消费者偏好、设计元素或竞争动态。这些因素与公司当前的发展轨迹不一致，因此可能会扰乱目前的情况并推动新行动方案的形成（Gatignon et al., 2002）。

心理学文献中对知觉的研究表明，如果个体在分配注意力时非常重视他们自身的知识结构，那么他们可能无法发现预料之外的刺激。即使这些刺激非常显著，情况也依然如此。例如，在许多实验中，学者们已经证明，人们接受特定任务后，通常不会感知到与该任务无关的信息，无论这些信息有多明显（例如 Neisser, 1976）。当得知手头的任务不甚重要时，人们会关注明显的刺激，而当得知任务非常重要时，他们就不大可能关注这些刺激。显然，当人们认为任务不重要时，他们更有可能放松对自上而下这一过程的关注，并进行更多自下而上的处理，从而释放他们的短时注意力，以捕捉意料之外的环境变化的信号。另一方面，当人们认为某个任务非常重要时，他们将更有可能把注意力放在预期的变化上，集中短时注意力，因此无法觉察预期之外的环境变化的信号。

战略研究人员已经投入了大量的精力来研究自上而下的处理方式是如何阻碍管理者发现非连续性变化的。例如，Liz Claiborne（丽诗加邦）公司的高层管理者有效地使用了自上而下的注意力分配过程，以此来应对与其普遍运用的知识结构相匹配的变化（即渐进式变化）。但是，这些过程也阻碍了他们识别非连续性变化：

环境变化降低了 Liz Claiborne 公司一部分决策的价值，尤其是有关生产和分销的决策。小的渐进式变化（比如探索当前位置周围的环境）所起到的作用已经不明显了，而同时，更大的系统性变化超出了现有管理层内心的规划。为了将 Liz Claiborne 公司推进到一个新的绩效表现高峰，管理者需要重新拟出一个系统性变化后绩效表现的内心规划（Siggelkow, 2001: 853）。

4.1.2 低层次的自上而下的注意力分配（包含较多自下而上的处理）和环境变化识别

当高层管理者进行自下而上的处理时，环境会捕获他们的注意力。具体而言，注意力捕获是指在人们不主动搜索特定情境内在因素的情况下，这些因素引起人们注意的方式（Pashler et al., 2001）。在对"挑战者号"灾难事件的研究中，Starbuck 和 Milliken（1988）强调了人们是如何更容易被新信息吸引注意的。同样，Rindova 等（2010）的研究表明，情境中最突出的因素最有可能吸引管理者的注意力，这似乎是由信号最为明显的性质决定的。因此，决策者允许环境变化捕获自己的注意力，从而接受更多可能的意外情况（Wyble et al., 2013）。环境中最突出的特征（单独存在或与其他环境特征相关）最能吸引管理者的注意力（Shepherd et al., 2007），因此自下而上的处理方式可以帮助管理者更多地关注预期之外的环境变化指标。

另一方面，自下而上的处理方式也可以使显著的环境特征显现出来，从而引起管理者的注意，即使这些特征仅与公司的技术、产品和市场有关（参见 Franconeri et al., 2005; Franconeri & Simons, 2003）。已有研究表明，显著的环境变化有时会让人们做出错误的决策（Kruglanski & Boyatzi, 2012），并可能扰乱人们的认知过程（Frey & Eagly, 1993）。此外，自下而上的处理过程减少了人们对以往经验中反复试验的知识的运用。在这种情况下，他们可能会做无谓的重复劳动，并重复过去的错误。最后，他们会将注意力集中到那些已被确定为没有战略重要性、不符合组织行动的环境特征上（Katila & Ahuja, 2002; Levinthal & Rerup, 2006）。

因此，与自下而上的注意力分配相比，高度的自上而下的分配可以帮助管理者发现渐进式变化，但阻碍了他们发现非连续性变化。这一观点符合 Eggers 和 Kaplan（2009）的发现，即与关注新兴技术（自下而上的注意力分配）相比，当管理者更多地关注现有技术时（高度的自上而下的注意力分配），企业在新兴市场中的增速会更加缓慢。我们（Shepherd et al., 2017）最近也提出，当高级管理者运用自上而下的注意力分配方式时，他们更有可能发现渐进式变化，同时也更不易发现非连续性变化。

4.1.3 管理者的任务要求和自上而下的注意力分配

任务要求是指达到特定绩效水平的必要性。当个体接受来自公司内部更大的挑战性任务时，任务要求也将随之提高（Hambrick et al., 2005: 476）。例如，"技术上相互依赖但地理位置距离遥远的且具有复杂的矩阵结构的大公司需要大量的协调和整合"（Hambrick et al., 2005: 476），这又带来了许多挑战，需要引起高层管理者注意。外部环境也可能为组织带来挑战性任务。例如，不利的外部环境可能带来各种管理上的挑战，包括确保资源的节约，了解威胁出现的征兆，以及在竞争激烈的市场中制定成功策略等（Miller & Friesen, 1983）。此外，更复杂的环境也会带来挑战。在这种环境中，管理者必须考虑到许多波动的参数和潜在的意外情况（Aldrich, 1979; Eisenhardt, 1989），包括竞争对手所采取的行为和做出的反应（Hambrick et al., 1996; McMullen et al., 2009）。来自于这两种环境的挑战性任务对管理者的信息处理过程提出了矛盾的要求。

不同组织的所有者和利益相关者对高层管理者的绩效要求也存在差异。例如，一个细心的董事会可能对任务管理提出更高的要求。具体而言，董事会监督高层管理者的表现。随着董事会成员不断增加对高层管理者的关注，高层管理者也更需要对自身的战略决策进行捍卫，并通过提案进入董事会（Castaner & Kavadis, 2013）。事实上，当外部董事在董事会中占比较高时（Lim, 2015），CEO不主持董事会时（Finkelstein & D'aveni, 1994; Kesner & Johnson, 1990)，CEO不任命董事会成员时（Zajac & Westphal, 1994），或者所有权非常集中时（Castaner & Kavadis, 2013），董事会的警惕性往往会提高。此外，在面对激进型股东时，最高决策者的任务要求通常会提高（Walls et al., 2012）。

高层管理者的注意力有限（Ocasio,1997; Simon, 1947），所以在面对有着较高要求的任务时，他们需要更多地关注与该任务相关的核心环境信号，例如收集公司效率的相关信息。这些类型的任务与发现外部环境变化信号的任务都需要管理者的注意力。面对亟待解决的多重任务，管理者会利用他们的经验来确定如何分配有限的注意力（Hambrick & Mason, 1984）。这些经验可能源于他们的教育经历（Carpenter, 2002; Wiersema & Bantel, 1992）、职业背景（Finkelstein & Hambrick, 1990）或以前的工作（Beyer et al., 1997）。当任务之间的竞争性要求（包括对环境的观察）增加时，管理者的注意力可能会更加分散（例如，Han & Humphreys, 2002; Rodriguez et al., 2002）。他们可能会将短时注意力转向与任务相关的知识结构的中心概念上，并且远离次要概念。这些次要概念未能得到管理者的短时注意力，因此高层管理者很难认识到新的或陌生的环境变化。

另一方面，任务要求较少的高层管理者不甚依赖自上而下的注意力分配过程。他们仍然关注那些处于其知识结构核心的概念。但是，这些管理者可以将更多的短时注意力分配给次要概念，从而更有可能注意到意料之外的、预示着机会的环境变化。基于这种推理，我们（Shepherd et al., 2017）认为，较高的竞争性任务要求会促使决策者更多地重视自上而下对注意力进行分配处理，从而识别环境中的变化。

4.1.4　知识结构复杂性与环境变化识别

技术变化是渐进式的，与公司当前的发展轨迹一致；而市场变化是非连续性的，与公司当前的发展轨迹不同。架构变化更异于这两种变化。当产品或服务组件紧密结合为整体时，架构变化代表一种机会，改变了它们连接组合的方式（Henderson & Clark, 1990）。在架构变化中，核心的识别特征和产品的主要组成部分不变（Henderson & Clark, 1990）。相比于渐进式变化，人们通常更难识别架构变化，因为它隐藏在组件之间的作用和连接之中，使表面变动不易被察觉。要识别架构变化，必须具备复杂的知识结构，其中蕴含丰富且深入的联系。即便组件本身没有改变，这些知识结构已为理解这种变化的性质、这些组件的集成和它们连接的方式打下基础。例如，20世纪70年代，作为普通复印机的先驱发行者，施乐公司注意到其他公司开始出售新型复印机。这些复印机尺寸更小，还比施乐提供的现有产品可靠性更高。这些新复印机并没有什么重要的新设计或科学知识，而施乐公司已经具备了核心底层技术和丰富的行业经验。尽管如此，施乐公司却一直犯错、失利，在近八年后才准备好能投入市场的产品（Henderson & Clark, 1990）。

架构变化隐藏在组件之间的交换和互连中，所以它们通常很难被发现。因此，管理者需要有丰富且深入的知识结构。Nadkarni和Narayanan（2007）强调，知识结构在复杂性上有所不同，即嵌入个体认知解构中的概念，其范围和多样性有所不同。这些概念相互关联的数量、丰富程度和深度也有差异（Kiss & Barr, 2015; Nadkarni & Narayanan, 2007）。[⊖]知识结构的复杂性有助于管理者发现更多环境中的信号（Sutcliffe, 1994; Walsh, 1995），从而更加灵活地进行战略决策（Nadkarni & Narayanan, 2007）。知识结构较复杂的管理者，更善于察觉环境中的渐进式变化，进而利用这些知识做出战略决策（Kiss & Barr, 2015）。另一方面，知识结构较简单的管理者具备的核心概念也较少，且概念之间的联系浅薄而不够丰富，因此他们更难察觉架构环境的变化。因此，我们（Shepherd et al., 2016）认为，当知识结构的复杂性加大时，管理者发现架构变化的可能性也随之增加。

4.2　对早期探索的关注和机会评估速度

人们通常认为决策速度是"组织执行决策过程中所有步骤的速度"（Forbes, 2005: 355）。高决策速度与杰出表现有关（Bourgeois & Eisenhardt, 1988; Bingham & Eisenhardt, 2011; Eisenhardt, 1989; 例外情况见 Perlow et al., 2002）。做出快速

[⊖] 不同知识结构的形式（如类别、模式、心理模型和逻辑）不同。为了扩大分析、简化概念，我们决定不区分知识结构形式，而是根据复杂性对其进行描述。

决策的管理者可以使得公司在机会消失之前及时采取行动（Baum & Wally, 2003; Stevenson & Gumpert, 1985）。与机会利用相关的快速决策可以向利益相关者展示该公司的灵活性和主动性（Langley, 1995）。进一步讲，高效的决策制定能够提高组织学习的效率。因为他能使公司在有限的时间内做出更多的决策，进而提供更多经验和进一步的信息交流，这种交流可以发现更多学习过程中的突出信息（Baum & Wally, 2003; Eisenhardt, 1989; Forbes, 2005）。快速的战略决策也可以带来先发优势（Lieberman & Montgomery, 1988）或一组短暂优势（McGrath, 2013）。研究人员还发现，作为对环境动态的回应，决策速度尤为重要（Baum & Wally, 2003; Eisenhardt & Martin, 2000; Judge & Miller, 1991）。然而，动态环境下的快速决策是很难实现的，因为不确定性使企业难以对市场进行深度了解，从而更难做出决策（Priem et al., 1995）。⊖同样，"战略、组织和创业领域文献的中心辩论围绕着领导者如何在动态环境中有效地管理他们的组织和策略而进行"（Eisenhardt et al., 2010: 1263）。

对个体来说，提高决策速度的方法有运用实时信息、开发和考虑更多选择方案、依靠基于经验的直觉和使用主动解决潜在冲突的技术等（Eisenhardt, 1989）。对于决策者来说，如果他们较年轻（Forbes, 2005），若采用启发式方法进行机会识别（Bingham & Eisenhardt, 2011），利用日常工作来指导决策制定（Helfat & Peteraf, 2003），相信自己的直觉（Miller & Ireland, 2005; Wally & Baum, 1994），并依靠过去的经验，那么他们的决策速度将会提升（Forbes, 2005）。

现有研究清楚地表明，快速决策以识别短暂机会并实现高绩效非常重要。这些研究还探讨了组织决策速度的前因。然而，这一领域的研究通常认为企业的决策速度大致相同，现有决策在企业内部并没有形成异质性（如 Baum & Wally, 2003; Eisenhardt, 1989; Forbes, 2005; Judge & Miller, 1991）。因此，这个研究流派尚未深入理解机会发展过程中不同阶段所进行的不同评估决策的决策速度。

为了初步弥补这些研究的欠缺，我们（Bakker & Shepherd, 2017）探讨了注意力在这方面的重要作用（Ocasio, 1997）。如上所述，当面对庞大而复杂的选择组合时，人们无法同时充分关注所有问题。相反，他们很可能将注意力集中在有限的问题上（Lavie et al., 2011）。然而，企业可以采取新的方法来提升其在特别感兴趣的领域的决策速度。我们（Bakker & Shepherd, 2017）以 Cho 和 Hambrick（2006）的注意力倾向概念为基础，他们的研究又以 Ocasio 对注意力的研究为基础（1997, 2011），将公司的注意力等级进行理论化，并将其用于具体的机会推进阶段。注意力分为两种，分别是关注早期探索活动和相关评估决策的注意力，和关注后期开发和相关评估决策的注意力。研究发现，这两种注意力会使公司面临不同的问题。早期探索活动

⊖ 虽然环境动态和速度是不同的概念，但它们"在实践中密切相关"（Baum & Wally, 2003: 1110）。

促使个体不断扫视环境，寻找能够创造财富机会的迹象，以寻求新的事物（Brown & Eisenhardt, 1997; McGrath, 1999）。与此相反，后期开发活动将个体的注意力集中在当前的机会以及利用机会所需的能力上（Rothaermel & Deeds, 2004）。管理者对特定机会的提升阶段的关注程度会影响对某些潜在机会进行决策的相对速度，这些决策基于三个特征：经验（Levitt & March, 1988; Ocasio, 1997），标准操作程序（Cyert & March, 1963; Gavetti et al., 2007; Ocasio, 1997）和信心（Levitt & March, 1988; March & Shapira, 1987）。

4.2.1 经验和管理者的注意力

通过反复执行某些任务和激活例行程序，公司可以从中学习并获得经验（Levitt & March, 1988）。由于重要活动之间存在差异，专注于早期阶段探索的公司和专注于后期发展或开发的公司往往会得到不同的经验。早期探索需要搜索、发现和实验活动，而后期开发需要改进、实施和执行活动（Maech, 1991）。这些特定领域的活动和由此产生的经验可能会影响决策速度。具体而言，在特定领域有一定经验的管理者会投入更少的时间来收集信息，因为他们已经拥有强大的知识基础（Forbes, 2005）。此外，由于这些管理者拥有一个"便于存储、回忆和解释数据"的组织框架（Forbes, 2005），他们对信息进行分析的速度也更快。

4.2.2 标准操作程序和管理者的注意力

随着时间的推移，企业通常会制订标准的运营计划、进行一些实践并逐渐形成惯例（Cyert & March, 1963; Gavetti et al., 2007）。这些可以被看作企业在尝试适应运营条件时所习得的行为规则（Cyert & March, 1963）。我们认为，不同的注意力倾向不仅会给个体带来不同的体验，而且也能推动不同类型的操作程序的发展。例如，创业展望阶段的实践和流程涉及如何分配冗余资源和探索可能的机会（George, 2005），如何实现规范化并从轻微故障中吸取经验（Sitkin, 1992），以及如何有效地将资源从一家企业重新分配到另一家企业（Brown & Eisenhardt, 1997）。另一方面，与开发活动相关的日常工作和实践要求风险管理和战略保持一致性（Greve, 2007; March, 1991），改进现有技术和提升效率（Csaszar, 2013; March, 1991），扩大运营规模以实现规模经济和范围经济（Lavie et al., 2010）。这些例子表明，标准操作程序影响并指导着公司的决策（Cyert & March, 1963）及决策速度。这些实践还可以传递已习得的知识，并再次将其应用在新情境中（Cyert & March, 1963）。同时，它们也可以制定收集、过滤和处理信息的规则（Cyert & March, 1963）。

4.2.3 信心和管理者的注意力

专注于特定任务可以帮助人们建立具体领域里的经验，创建标准化的操作流程，以及提升管理者在特定领域的信心（Levitt & March, 1988; March & Shapira, 1987），即"相信判断的优良性、准确性和恰当性的力量"（Budescu & Yu, 2007: 154）。当管理者专注于早期阶段的探索活动时，他们更有可能参与收集、分析和评估有前景的创业项目的信息。在这种情况下，当他们在自己的知识领域内进行决策时，这些知识和准备会提高他们决策的信心（参见 Einhorn & Hogarth, 1985）。信心帮助管理者克服在不确定情况下经常出现的焦虑（Eisenhardt, 1989; Eisenhardt & Martin, 2000），并帮助他们"迅速、果断地行动"（Judge & Miller, 1991: 450; Baum & Wally, 2003）。

在早期阶段终止无用的计划和创业项目是一项格外重要的探索活动（McGrath, 1999）。由于结果难以预测，因此从本质上来讲，与处于晚期阶段的创业项目相比，探索早期阶段的创业项目具有更大的不确定性，也更可能以失败告终（Gupta et al., 2006; McGrath, 1999）。因此，专注于早期探索活动的公司通常必须决定是否在早期阶段就终止创业。相较于专注后期探索开发的企业，这些公司通常会获得处理这些类型创业项目的经验，从而开发出更多的标准操作程序，以帮助尽早发现错误并终止创业（McGrath, 1999）。此外，专注于早期阶段探索的公司会更快地收集和处理特定领域的信息（Forbes, 2005），并更加自信地使用信息（Judge & Miller, 1991），以此来决定重点创业项目的最终命运。因此，这些特征和行为提升了管理者在展望阶段终止创业的速度。

展望阶段创业项目的推进要求管理者拥有多种经验、标准操作程序和信心。创业项目的推进与创业项目的终止有很多不同之处。首先，创业项目推进的相关决策不在于限制下行风险，而在于提升上涨潜力（Bowman & Hurry, 1993; McGrath, 1999）。将创业项目从展望阶段推进到发展阶段需要个体对已被识别的机会进行投资，这一提早决策表示个体优先支持该创业项目。因此，创业项目的推进意味着开发更多的机会（Choi et al., 2008; Choi & Shepherd, 2004）。与注重后期发展和开发的公司相比，注重早期阶段探索活动的公司更关注那些代表创业项目上涨潜力的信息，并且拥有快速推进创业项目所需的经验、操作程序或信心。我们（Bakker & Shepherd, 2017）已经证明，在展望阶段（即创业项目的早期发展阶段），较早适应早期探索活动可以提高管理者决定终止创业的速度，但它也降低了他们对创业进展的决策速度。因此，适应早期机会的推进阶段可以使企业更迅速地做出某些决策，但不一定是全部决策。

4.3 关注业绩不佳的创业项目

研究还探讨了创业项目的管理者和团队成员如何关注这些项目的不佳表现，以及这种关注如何影响项目的终止。

4.3.1 团队成员的关注和项目终止

我们与合著者一起（Shepherd et al., 2014）研究了从项目相关的个体角度来看终止项目的时间与从失败中吸取经验的关系。这些观点能够为创业公司的管理提供帮助。

（1）在项目失败后，团队成员可以采用工程思维来减少负面情绪。工程思维使得个体的注意力更多地转向公司的整体工程挑战中的关键性问题，而不是任何特定的项目。通过用工程思维引导注意力，他们因项目失败而产生的负面情绪将会实现最小化。此外，快速地重新部署（人力和其他）资源能够让公司进行到后续项目时遇到更少的障碍。然而，如果项目团队的成员意识到向新项目的过渡将要推迟，他们往往会产生负面情绪。有趣的是，当一个项目，尤其是表现不佳的项目没有终止时，那些具有工程思维的人往往会产生更多的负面情绪。工程思维代表着创造性解决问题的认知脚本。它强调工程过程的重要性（这些过程承担了对组织来说至关重要的挑战性任务），并且不建议人们关注那些组织认为不再重要的特定项目。

（2）推迟项目的终止能够给团队成员一些时间来考虑个人错误（在特定过程中出现的失误或计算错误等）、与整个组织有关的问题（管理上致使失误的决策、部门协调的问题等）、技术问题（与工程相关的问题），以及与行业或市场相关的问题（机构或政府对产品开发的影响、顾客的包容度等）。这类思考往往是获得经验教训的基础。如果剩余时间充足，成员可以进行口头表述和记录，这也是组织吸取经验教训所需的两个步骤（参见 Zollo & Winter, 2002）。另一方面，参与快速终止项目的团队成员从项目失败的经历中反思的时间最少。这种最短的反思时间在组织环境中令人格外困扰。在组织环境中，资源会被迅速重新部署，所以，在项目终止后，团队成员缺少反思的时间、也没时间口头表述或记录他们从失败中吸取的经验教训。此外，即使团队成员可以反思，他们也没有时间与他人交流想法，这将会阻碍团队层面的学习。他们也不能记录所吸取的教训，从而阻碍了整个组织的学习。因此，在项目终止后快速重新部署资源的组织中，团队成员、团队乃至组织本身通常不会从事件发生后的失败中学习，而是从事件发生前的失败中学习。

（3）团队成员经常利用他们从项目的"缓慢消亡"中感受到的负面情绪来对失败进行反思。当以这种方式利用负面情绪时，他们会非常主动地进行反思，因为这种情绪让团队成员知道：某些事情出错了，组织认为该项目不再有价值，并且即将重新分配给个体的更具难度的工程挑战正在被推迟。当团队成员对有难度的工程挑战的需求未被满足时，他们会产生负面情绪。而在等待重新部署的过程中，他们可以将这种负面情绪进行转化，去迎接新的挑战，尤其是从失败中吸取教训这一挑战。通过将注意力从项目的推迟中转移出来并重新进行集中，团队成员可以从失败的经历中学习。因此，缓慢的失败所引起的负面情绪能够促成而不是阻碍团队成员从失败中学习。

总体来看，团队成员的角度强调人们对项目终止时间的反应，以及这些反应对从失败项目中吸取经验的影响。也就是说，当涉及缓慢失败时，项目团队成员能够通过强调工程挑战而非特定项目的关键作用来减轻失败带来的负面情绪，有时间思考、表述和记录所吸取的经验教训（在快速部署的情况下，在事件实际终止之前，成员是有时间的），重新引导源于缓慢失败的负面情绪，并从失败中吸取经验。

4.3.2 管理者的注意力和项目终止

我们（Behrens & Patzelt, 2016）对公司的研究以注意力为基础（Ocasio, 1997），研究管理者如何终止公司创业项目。这一过程涉及的考虑因素有：投资组合的性质、注意力分配的重点（反映在管理者过去的项目失败经历上）、情境注意力（反映在公司的增长率上），以及组织内的注意力结构分布（反映在管理者的层级职位上）。该研究得出了一些结论。

（1）管理者对项目组合的不同方面的注意力分配有所不同。具体而言，他们对项目的注意力分配，与公司投资组合策略以及项目组合在渐进式与激进项目之间的平衡相符合。因此，该研究强调，在理解项目终止时的管理者注意力分配时，需要考虑公司、个体和组织层面上投资组合特征和效应之间的相互作用。

（2）管理者先前的失败经历影响了他们在项目终止这一决策中分配注意力的方式，而这种影响超出了他们的情绪本身以及从失败中学习到的经验（McGrath, 1999; Shepherd et al., 2009, 2011, 2013, 2014）。具体而言，当有了更多先前的失败经验时，战略协调性较低的创业项目终止的可能性也会增加。因此，先前的失败经验对公司未来的项目组合以及战略创业具有深远影响。此外，该研究还强调，失败经验本质上是累积性的（Shepherd et al., 2013），因此，失败经验越多，对注意力分配的影响将会越大。

（3）资产组合的平衡对终止项目的倾向会产生负面影响。与中层管理者相比，这些影响对高层管理者的作用更为明显，这说明了组织内部不同层级管理者的思维存在差异（Floyd & Wooldridge, 1997; Hornsby et al., 2009; Kuratko et al., 2005）。这一发现还表明，管理者对项目启动和终止的注意力的分配是不同的。中层管理者

（Behrens et al., 2014）更关注项目启动决策的战略环境，而高层管理者更关注终止决策时的战略环境。相较于高层管理者，中层管理者对策略方面的关注较少（例如项目的战略契合度和资产组合平衡）。高层管理者似乎更注重将资源投于新型探索项目的开始阶段，而非项目进行的过程中。

4.4 集中创业者注意力的元认知

　　研究人员认为，"成功的未来战略家将利用创业思维……即使在不确定的条件下也能迅速地感知、行动和动员的能力"（Ireland et al., 2003: 963-989）。这种观点说明，注意到、并能适应不确定性的能力是成功管理者的关键技能（McGrath & McMillan, 2000; Ireland et al., 2003）。为了具体阐述创业思维的这一概念，Ireland等（2003）描述了认知任务，比如将机会解释为目标的变化，不断反思和挑战动态环境中的"主导逻辑"，并重新考虑与市场和公司的真实信息相关的"看似简单的问题"。与创业思维相关的认知任务就是我们所说的认知适应性。认知适应性是指人们动态的、灵活的、自我调节的程度（Jost et al., 1998），并参与制定大量旨在感知和处理环境变化的决策框架，随后从各种替代方案中进行选择，从而在不断变化的世界中成功理解、规划和实施一系列个人、社会和组织的目标的程度。本书中，决策框架指的是有条理的先验知识。这些知识与个人和情境相关并组合在一起，以主动构建一个有意义的现实（Fiske & Taylor, 1991）。

　　元认知可以是一个参与这些决策框架的过程。Schraw 和 Dennison（1994: 460）认为，元认知是"反思、理解和控制个人学习的能力"。具体而言，元认知是一个高阶认知过程，可以梳理人们的知识，并让人们认识自己、情境、任务和环境，以便他们在面对来自变化的和复杂的环境的输入时，能够实现有效和适应的认知功能（Brown & Eisenhardt, 1997）。元认知往往被视为发生在社会背景下（Jost et al., 1998）的一种意识过程，也称为元认知意识（Flavell, 1979）。Allen 和 Armour-Thomas（1993: 204）认为，"如果不探寻这种思维所处情境中的情境力量问题，那么询问任何类型的思维问题都是毫无意义的"（Allen & Armor-Thomas, 1993: 204）。

　　我们（Haynie & Shepherd, 2009）将元认知研究作为基础，将其与相关的社会认知工作相结合（下文有选择地介绍了部分内容），提出了认知适应性的概念。认知适应性发生的过程为：个体感知到与自身目标相关的环境特征，并对其赋予意义，随后利用元认知知识和经验来建立若干个可供选择的决策框架，旨在解释、规划和实施目标，从而"管理"一个动态的环境。随后，个体从多种选择中选择并部署某一特定框架，最终得到某些结果，即认知（理解）或行为（动作）。之后，个体会对这些与目标取向有关的结果进行评估，这反过来又决定了框架的产生和选择（Haynie & Shepherd, 2009; Haynie et al., 2012）。

4.4.1 目标取向

动机会影响个人感知和解释语境的方式（Griffin & Ross, 1991），而环境也可以定义个体的动机（Wyer & Srull, 1989）。我们认为，这种关系是元认知策略发展和使用的基础。例如，在创业领域，这些动机可能会增加某个市场的份额，提高产品的生产效率，或者实现更高的销售额。换句话说，管理者所追求的目标经常被看作这些目标所起源的环境的一种功能或结果。因此我们认为，认知适应性的源于以下两个因素的综合作用：①个体工作的环境；②个体对环境解释的动机。为了把握环境和动机之间的这种关系，我们（Haynie & Shepherd, 2009）提出了目标取向这一术语。它是指个体解释一系列与个人、社会和组织目标相关的环境变化的程度。目标取向将元认知知识和元认知体验作为元认知资源。

4.4.2 元认知知识

元认知知识是人们对人、任务和策略（Flavell, 1979）进行认知处理的有意识理解。

（1）人的元认知知识有的以外部为中心，而有的以内部为中心。以外部为中心的元认知知识指的是理解其他人如何思考他们的公司和环境，如潜在客户、竞争对手和投资者。以内部为中心的元认知知识指的是理解和承认自己的偏见、价值观以及智力上的优点和弱点。例如，一位管理者可能知道自己比员工或其他中层管理人员更能感知公司外部利益相关者的需求。

（2）与任务相关的元认知知识涉及理解特定挑战的性质，以及掌握可用于当前任务的类似任务的解决方案。

战略的元认知知识需要若干流程来确保某个特定的决策框架适用于个人目标以及个体和任务的元认知知识。元认知知识的策略是通过参考以前学到的功能相似的任务策略来改变手头任务的策略。因此，我们（Haynie & Shepherd, 2009）给元认知知识下了一个总体定义，即当生成多个决策框架来解释、规划和实施目标，以"管理"动态环境时，个体对自身已经了解的人、任务和策略的依赖程度。

4.4.3 元认知体验

元认知体验是指基于认知活动的有效情感体验，它同时也是一种渠道，通过这种渠道，人们可以将先前的经验、记忆、直觉和情绪资源用来理解某一特定任务、问题或情况（Flavell, 1979）。例如，如果一个人感觉自己难以承担或理解某一特定任务，他就具有了元认知体验。在接下来的步骤中，他借鉴了以前的经验，为新的但类似的任务创造了新的决策框架。像过去的经验一样，与先前情况相关的情绪和直觉可以决定新任务的决策框架的生成。例如，恐惧、愤怒、喜悦或悲痛等情绪或与过去事件相关的情绪可能会在元认知层面影响未来决策框架的发展。这些决策框架主要针对与先前情绪产生情况类似的新事件、任务或情况。直觉在决策框架的元认知创造中起到类似的作用：如果个体倾向于依赖先前经验产生的直觉，那么这些直觉就可能影响未来新任务、事件或情况的决策框架的发展。例如，一位管理者可能会根据"预感"做出决定，这反映了他对直觉的依赖（Miller & Ireland, 2005）。简言之，元认知体验使人们更容易理解他们的社会性世界（Earley & Ang, 2003）。因此，它可以与元认知知识一起帮助个人选择决策框架。我们（Haynie & Shepherd, 2009: 697）将元认知体验定义为：当生成多个决策框架来解释、规划和实施目标以"管理"不断变化的环境时，个体对独特体验、情绪和直觉的依赖程度。

4.4.4 元认知选择

因此，在目标取向的背景下，个体选择和使用特定的决策框架（从可用选项集合中选择），以计划和实施"管理"动态环境的目标。个体需要从许多决策框架中选择一个框架，就像高尔夫球员根据自身目标选择特定球杆一样。高尔夫球袋中的每个球杆都可以被看作实现行动和目标（将球打入球洞中）的替代路径。然而，随着特定环境的变化（例如，在沙坑中与球道上），总有一个"最合适的"球杆来帮助高尔夫球员实现他的进球目标。一个具有认知适应能力，并能利用自身元认知知识和经验的个体通常会提出各种可供选择的决策框架（不同的球杆）来解释变化的现实，然后根据自身目标选择最合适的选项，从而有效地实现目标。因此，我们（Haynie & Shepherd, 2009: 700）将元认知选择定义为：在面临多个可以解释、规划和实施目标以"管理"不断变化的环境的决策框架时，个体主动选择最合适的选项的参与程度。

4.4.5 监测

实施所选择的决策框架将会产生那些通过反馈来增加适应性认知的行动（Flavell, 1979）。Flavell（1979）提出，元认知策略的目的是要让个体确信目标已经实现。根据 Flavell 的观点，元认知有特定的机制来对与个体目标取向、元认知知识和元认知体验相关的特定决策框架的结果进行评估（Flavell, 1979）。对个体自身认知的监测发生在应对变化现实的解释、计划和实施过程中和过程后。监测当前表现与个人目标取向之间的关系特点可能会促使个人重新评估其动机（Locke et al., 1984; Locke &

Latham, 1990; Nelson & Narens, 1994）或自身的元认知知识、元认知体验或基于当前环境选择的特定决策框架（即元认知选择）。因此，监测的定义是：寻找和利用反馈来重新评估个人的目标取向、元认知知识、元认知体验和元认知选择，从而"管理"不断变化的环境（Haynie & Shepherd, 2009: 700）。

4.4.6 学会元认知式思考

在过去的十年中，研究人员探索了各种利用元认知来改善推理的教学方法（Kramarski et al., 2001）。Mevarech 和 Kramarski（1997）创建了一种教学方法，即通过四种类型的问题来发展学生的元认知技能，从而提高他们的数学推理能力：理解性问题、关联问题、战略问题、反思性问题（Mevarech & Kramarski, 2003: 469）。这些问题被用来刺激学习者的元认知，因此我们将它们称为"元认知问题"。

（1）理解性问题旨在鼓励人们在解决特定问题之前考虑自己是否真正理解问题的性质。这种理解来自于对当前情况的细致思考，以便识别问题及其性质和含义。以下示例问题能有助于加深对"理解"的思考：问题的核心是什么？关键问题是什么？关键概念传达了什么意思？

（2）关联问题旨在鼓励学生思考当前问题与先前面临并解决的问题的相似性和差异性。这些问题促使学生利用现有的知识和经验来避免过多的概括。以下问题会促使学习者思考这些关系：如何将这个问题与我之前所研究的问题联系起来？这个问题与我之前所研究的问题有何不同，不同在何处？

（3）战略问题旨在鼓励学生思考哪些策略最适合解决问题及其原因。这些问题促使学生思考他们解决问题的方法的基础、原因和方式。以下是战略问题的例子：最适合我解决这个问题的策略、战术和原则是什么？为什么这个策略、战术和原则最适合？如何将解决问题所需的信息放在一起？我怎样才能实现这个计划？

（4）反思性问题旨在鼓励学生在解决问题的过程中思考自己的理解和感受。这些任务可以帮助学生形成他们自己的反馈（即在他们解决问题的过程中开发一个反馈循环）以提供改变的机会。以下是反思性问题的例子：我在做什么？我在做的事情有什么意义？我需要面对哪些特殊的挑战？我感觉如何？我能以什么方式验证提出的解决方案？有没有可能利用不同的方法来解决这个任务？

元认知训练有助于决策者：①制定和回答一系列符合上述内容的自我解决的问题（Kramarski et al., 2002）；②阐明为什么询问和回答这些类型的问题很重要（Kramarski & Zeichhner, 2001）；③在思考或反思新想法（如潜在的机会）时，利用这些问题（Kramarski et al., 2002）。大量的实证研究发现，元认知技能（如询问及回答上述问题）促成了学习（Kramarski & Zeichner, 2001; Mevarech & Kramarski,

2003）。总体而言，这些问题促使个体思考他们的学习，并会对他们后来在任务中的表现产生积极影响。例如，元认知训练可以提高个体的以下能力：①对新情况的适应能力，它提供了一个基础，在这个基础上，个体的先验知识和经验会影响他或她在新形势下的学习或解决问题的能力（Mayer & Wittrock, 1996: 488）；②创造力，它可以带来独特而灵活的解决方案、观点或看法（Runco & Chand, 1995）；③对特定反应的思考的理解沟通能力（Mevarech & Kramarski, 2003）。这些技能对创业者都非常有价值。

结论

管理者的注意力是一种有限的资源。他们对注意力的分配会影响创业过程的若干方面，包括环境变化以及对机会的认识、评估和利用。研究发现了在个人、组织和环境层面上创业者分配注意力的若干因素。在本章中，我们阐述了认知过程，尤其是能够影响个体的注意力分配，从而影响创业成果的元认知。现在，我们将探讨创业者身份这一在过去几年中引起了很多学者兴趣的话题。

第5章 创业者身份

身份是指个体赋予自己的意义（Gecas, 1982），这一意义通常被理解为对"我是谁？"这个问题的回答（Stryker & Burke, 2000）。这个回答可以满足人们将自己区别于他人的基本需求，对人们的心理（Fromkin & Snyder, 1980）和生理（Markus & Kitayama, 1991）健康很重要。"创业者是不同且独特的"这一概念是创业研究中的一个关键主题（如 Baker & Nelson, 2005; Yli-Renko et al., 2001）。创立和发展企业也许能够满足人们寻求独特性的心理需求（Teal & Carroll, 1999），从而让人形成独特的自我认同。尽管如此，创业同时也可能会挫败人们对归属感的需求（Ashforth & Mael, 1989; Tajfel, 2010）。而未满足的归属感需求会带来孤立感（Brewer, 1991），这种孤立感会对个体的身心健康产生负面影响（Leonardelli & Brewer, 2001）。在本章中，我们制定了一个创业者处理多重微观身份的框架（Ashforth et al., 2000; Pratt & Foreman, 2000），并详细说明了创业者在归属感和独特性之间实现"理想"平衡的策略（Shepherd & Haynie, 2009a）。我们还探讨了个体如何失去自己的工作身份，以及创业在身份恢复和重建中的作用。

5.1 独特性

如上所述，个体具有感到自己与众不同的心理需要（Brewer & Pickett, 1999; Hornsey & Jetten, 2004; Cantor et al., 2002）。感觉到自己的独特是形成

与他人有区别这一感受的基础,在身份认同发展和维持中发挥着关键作用(Brewer, 1991; Fromkin & Snyder, 1980)⊖。实证研究发现,区分自己与他人是构建独特身份的基础(Teal & Carroll, 1999)。此外,如果人们缺乏独特性,他们会更多地以不同于参照群体的方式行事(Tajfel & Turner, 1979),这种不同会帮助他们更清楚地界定自己的身份(Turner, 1987)。例如,Vignoles、Chryssochoou 和 Breakwell(2000)强调了在身份层面上对独特性的研究,他们认为:①人们会更高效地记住能够表明自己与他人不同的信息(Leyens, Yzerbyt & Rogier, 1997);②评价者倾向于认为自己所在的群体更加多样化(Brewer, 1993; Park & Rothbart, 1982);③在强烈地感受到自己与其他人相类似时,人们通常会产生负面情绪(Fromkin & Snyder, 1980);④个体更认同与自己所在群体不同的群体(Brewer & Pickett, 1999);⑤个体倾向于认为他人像自己,而不是自己像他人(Codol, 1984, 1987)。

对独特性的追求能够增强人们的自尊(Abrams & Hogg, 1988)。理论(Brewer, 1991)和实证研究(Brewer et al., 1993; Vignoles et al., 2000)已经表明,对独特性的需求是一种"人类普遍的动机"(Brewer & Pickett, 1999)。它可以让人们对身份进行自我定义或比较性评估(Brewer, 1991: 478),并且它与自尊是相互独立的(Brewer, 1991)。因此我们认为,在形成有意义的创业者身份的过程中,独特性发挥着核心作用,因此他们要回答一个问题:"我是谁?"(Vignoles et al., 2000)。

5.2 归属感

人们追求独特性,但理论证明这样做可能会难以实现归属感需求(Baumeister & Leary, 1995; Brewer, 1991)。Baumeister 和 Leary 指出,归属感需求是一种"强大的、根本性的、非常普遍的动机"(1995)。关于社会认同的大部分工作都集中在包容性(即成为相关群体的成员)的优势上,为了满足自身的归属感需要,人们通常想要与他人发展并保持长久的感情(Baumeister & Leary, 1995)。许多学者已经论述了处于群体中的好处,其中最突出的观点是社会认同理论(Tajfel & Turner, 1979a, b, 1986)和自我分类理论(Oakes et al., 1994)。

社会认同理论(Tajfel & Turner, 1979a, b, 1986)认为,人们会积极地描述他们所属的群体,以此来提升自我价值感。研究表明,通过更多地认同非主流群体(即与主流不同的群体),人们对主流群体的看法会变得消极(Gramzow & Gaertner, 2005)。大量研究表明,在以这样的方式吸纳群体成员时,人们往往会走向极端,比如 1999 年在美国哥伦拜恩高中发生的悲剧:两名边缘化的、被抛弃的学生在课堂上

⊖ 本章中,我们的讨论集中在个体层次。

向其他人开枪。许多心理学家认为这是一个很有说服力（但罕见）的案例，它揭示了孤立感、被拒绝感和缺乏归属感可能带来的心理问题。同样，自我分类理论认为个体社会身份的普遍性取决于与他人的比较。事实上，自我分类理论的相关研究表明，个体社会身份的重要性来自于与社会环境中其他人的具体比较（Oakes et al., 1994）。

最后，有充分的证据表明，人们有强烈的归属感需求，他们也会努力满足这种需求。归属感对人类来说似乎是一种强大的驱动力（Baumeister & Leary, 1995），换言之，个体的归属感强时，就会产生积极情绪（McAdams & Bryant, 1987; McAdams, 1985），而归属感弱时，就会产生消极情绪（Leary, 1990）。这些消极情绪经常导致孤独和焦虑（Baumeister & Tice, 1990），所以消极情绪可能会有损个体的身心健康。

上述研究强调了在满足心理需求与实现个体自我认同之间的潜在权衡。学者们认为，保持独特性对于个体自我认同的发展至关重要，但归属感以及对社会群体的认同感也是人类的基本动机。因此，对于创业者而言，独特性似乎减少了他们的归属感，反之亦然（Brewer, 1991: 478）。我们在下文会讨论这一内容。

5.3 最优独特性理论

最优独特性理论认为，人们希望依附于能够在他们的归属感需求和独特性需求之间取得最佳平衡的群体（Brewer, 1991, 1993）。有研究提出独特性与其优势之间的倒 U 形关系（Brewer & Pickett, 1999; Brewer & Weber, 1994）。这些研究认为，这种关系是由"区分自我与他人"的需求和"将自我融入更大的社会集体中"的需求之间的冲突造成的（Brewer, 1993: 3; Vignoles et al., 2000: 339）。最优独特性理论与 Fromkin 和 Snyder（1980）的独特性理论观点是一致的，Fromkin 和 Snyder 认为，中等程度的独特性最佳，而较高和较低的独特性对个体来说皆为最差。Brewer（1991）提出的最优独特性理论"仅限于讨论群体成员层面的独特性"。Brewer 和 Gardner（1996）将这一概念应用到了个体和人际关系层面的自我表征上。他们提出，在相似性和独特性方面，相互冲突的同化和分化需求会在个体层面上显现出来（Vinoles et al., 2000: 340）。

5.4 创业者身份的独特性

正如上述理论和实证结果所证明的，创业者角色通常可以满足人们的独特性需求。这种角色为人们提供了自主权（如 Akande, 1994; Boyd & Gumpert, 1983; Kuratko & Hodgetts, 1995），使他们在企业发展中能够产生更多的影响力，并且能够在更大范围、更大程度上掌控其生活（Kolvereid, 1996; Longenecker et al., 1988）。创业者可以将自己的企业与其他企业（甚至是其他创业者）区别开来，以凸显自己企业的独特性（Guth & Ginsberg, 1991; Lumpkin & Dess, 1996; Naman & Slevin, 1993）；同时，他们可以建立壁垒以阻碍其他人或企业的模仿行为，从而维护自身和企业的独特性（Yip, 1982）。虽然传统的战略观点将以上行为看作竞争性操纵和试图增强自身市场地位的行为，但社会认同理论表明，这些行为也会将创业者与潜在的"非主流群体"区分开来，从而增强创业者对自我独特性的认识（Teal & Carroll, 1999）。

此外，相比于更传统的职业，与创业角色相关的"自由"对创业者自我认同的提升具有较大的操控作用。换言之，创业过程的独特性以及个体为实现创业目的而采取的一系列行为（如创建一个新的企业、开拓新的机会）为他们提供了一系列区分自己与他人的可能性。在新创企业创始人的叙述中，我们可以看到有些创始人认为"企业是个人成长或满足的一部分"，他们认为"如果不能创业成功，人生就是不完整的"（Bruno et al., 1992: 297）。另外，Cova 和 Svanfeldt（1993: 297）认为，一些企业创始人"根据自身的内在愿望和需求创造产品，他们创业主要是为了表达对美、情感或某种审美理想的主观认识"。总体而言，创业者似乎有大量的机会来进行差异化活动，这些活动满足了他们对自身独特性的需求。

学者们对创业者与其他人不同的原因特别感兴趣。创业班的教师倾向于将教学的重点放在教学生"跳出固有思维模式"或"打破常规"，因为大多数人认为这些行动对创业成功有促进作用。研究人员探究了创业者在知识（Shane, 2000）、个性（Korunka et al., 2003）、动机（Naffziger et al., 1994）和认知（Busenitz & Barney, 1997）四个方面与他人的不同。我们认为差异性对创业行为和行动至关重要（并且构成了创业者实现独特性需求的基础），同时我们也有必要考虑已有的研究发现，即当个体将自己定位成创业者时，他们可能无法满足自身的归属感需求，而这种未满足的归属感最终会损害个人的心理健康。

例如，一些证据表明，创业者个人环境中的关系（甚至包括家庭关系）通常处在风险之中（Ufuk & Ozgen, 2001）。同时，他们往往感到被孤立（Hannafey, 2003）、孤独（Akande, 1994; Gumpert & Boyd, 1984）、长期承受压力（Akande, 1994）。研究表明，这些感受会影响人们的身体健康（Buttner, 1992; Ufuk & Ozgen, 2001）、心理健康（Jamal & Badawi, 1995; Naughton, 1987; Eden, 1975）和工作满意度（Buttner, 1992; Naughton, 1987）。例如，Gumpert 和 Boyd（1984）的报告显示，在210个小企业中，一半以上的创业者（具有企业所有权的管理者）解释说他们"经常感到孤独"并且承受了巨大压力。Gumpert 和 Boyd 将孤独感归咎于创业者这一特定角色。例如，许多人回应说，他们没有一个知心人来替他们分忧。同时，在企业创建和管理过程中，创业者的时间很紧迫，这就使他们无法融入大家，并且"这是作为创业者必须与他人保持的距离"（Gumpert & Boyd, 1984）。

上述实证结果说明了创业可能存在的阴暗面。创业者遇到阴暗面的程度可能会有所不同。例如，许多新创企业是由创业团队创办的（Ucbasaran et al., 2003; Breugst et al., 2015; Breugst & Shepherd, 2017; Klotz et al., 2014）。团队成员会共同决策以达成集体的创业目标（West, 2007），并在此过程中形成团队精神（Lechler, 2001）。因此，创业团队成员可以帮助创业者满足归属感需求，并减少创业的阴暗面。

但是，即使在创业团队中，通常也会有一个人会成为"首席创业者"（Ensley et al., 2000）。这种团队结构往往是必要的，因为如果没有某种形式上的责任、角色以及负责人，企业成功的可能性将会下降（Sine et al., 2006; Stinchcombe, 1965）。结构形式化程度的提高可以把首席创业者与其他创业团队成员区分开来，但有时会导致团队成员之间的冲突和消极互动（Stinchcombe, 1965）。例如，Boyd 和 Gumpert（1983）指出，超过三分之二的创业者最终解散了他们的创业团队。但无论首席创业者的独特角色和团队成员之间存在何种潜在的冲突，创业团队成员还是能够满足首席创业者的部分归属感需求的。

我们认为，尽管创业者角色能够满足人们的独特性需求，但他们的归属感需求往往没有得到满足，因此，他们的心理健康状况越来越差。因此，如果创业者无法在独特性和归属感之间找到正确的"平衡"，他们就可能会经历创业的阴暗面以及由此产生的负面影响（参见 Kets de Vries, 1985）。下面是一个相关的例子：

Daniel C 在一家企业做了 20 年的行政人员，后来他放弃了这一职业，并收购了一家小型结构钢公司，本来他认为最重要的是如何融资并推销产品，当然，这些也确实是挑战，但他碰上了一个出乎意料的"恶魔"，使得这些挑战黯然失色，而他对此完全没有做好准备。这个"恶魔"的名字便是孤独。Daniel 说："以前我从来没有想过自己会孤独，我也从未体验过孤独。在企业生活中，我可以与老板或其他同事分享自己的想法，他们能理解我，因为他们和我是在一起的……现在我没有可以分享的人了。当然，现在有一个结构钢协会，但协会里的人都是我的竞争对手。我很早就知道在协会会议上要坚决避免谈论定价问题，但就算我们不谈论定价，我们之间的关系也很紧张，因为我们是竞争对手。"而且令 Daniel 惊讶的是，他发现这个创业者的新角色加剧了他的头痛和溃疡（他在有压力时经常会有这些症状）。基于对 450 家小企业首席执行官的调查，Daniel 的感受和经历在小公司创始人中很常见（Gumpert & Boyd, 1984: 18）。

我们将在下一部分介绍研究框架，以阐明当创业者尝试管理分离他们微观身份的边界时，归属感与独特性之间的关系（Shepherd & Haynie, 2009a）。

5.5 创业者的最优独特性与心理健康

研究一般认为，当人们的生活与"长久以来被普遍接受的价值观相一致时"（Ryan & Deci, 2001: 146），他们的心理健康状况将会得到改善。具体而言，最优独特性理论认为中等水平的独特性会获得最高的心理健康水平，如图5-1所示，其中纵轴代表心理健康水平，横轴代表独特性水平，曲线代表个体在不同独特性水平上的心理健康程度。独特性水平较低（最左边）时，即特定的身份提供的独特性程度最小，此时人们的心理健康程度较差。个体的心理健康状况会随着独特性的增长而改善，直至最佳状态。此后，独特性进一步增长，导致心理健康水平下降，因为这时候人们的归属感水平较低。对于特定的人来说，倒U形曲线的顶点是最佳点，这时归属感和独特性达到最佳平衡状态，个体的心理健康和生理健康也处于最佳状态。

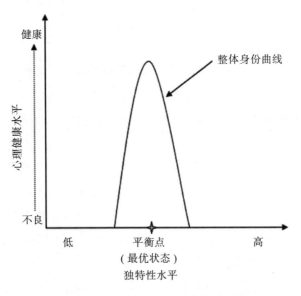

图5-1 创业者个人身份的最优独特性

对于创业者来说，下一个问题是他们是否能够"重塑"心理健康曲线，以减少归属感与独特性之间的矛盾。通过减少这种矛盾，创业者可能会消除创业生涯的阴暗面所带来的影响。为了解决这个问题，我们（Shepherd & Haynie, 2009a）对最优独特性理论中的"平衡"概念以及认为人们可以管理多个微观身份的相关研究（Ashforth et al., 2000; Pratt & Foreman, 2000）进行整合。基于这种整合，我们创建了一个框架，帮助大家理解创业者在追求高度独特的创业者角色身份的同时，创业者如何最佳地平衡归属感和独特性。我们认为，通过维护和管理各种微观身份，创业者可以形成一条高级身份的曲线。高级身份是创业者各种微观身份的整体表征。一些微观身份可能与归属感有关，另一些则与独特性相关，这种高级身份可以帮助缓和两者之间的矛盾（Shepherd & Haynie, 2009a）。这种关系如图5-2所示。

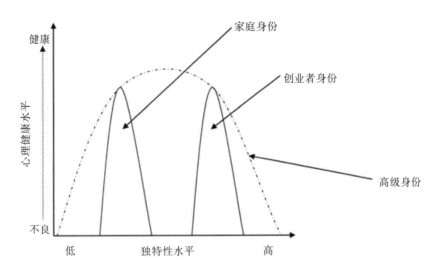

图 5-2　微观身份和高级身份

我们可以按创业者维持多重角色身份的程度来对他们的微观身份进行定义（Greenhaus & Powell, 2006）。总体来说，一个特定个体所维持的微观身份的数量取决于其在构建总体自我身份高级身份曲线时所包含的角色身份的数量。创业者身份本身可能是由各种微观身份组成的，但在开发模型时，我们不需要考虑这些额外的复杂因素。

个体通过特定角色的次要以及主要特征来定义自己的身份（Ashforth et al., 2000: 475）。个体可以将自己的"创业者身份"定义为一个由主要特征（如战略定位，机会承诺，资源控制）（Brown et al., 2001）和次要特征组成的组合，它们共同组成了该个体的创业者身份⊖。该个体也可以将自己所扮演的"父母"这一角色看作一个由主要特征（如行为榜样、保护者）和次要特征（如修理人员、孩子的出租车等）组成的组合，这个属性组合构成了父母这一角色。所有的微观身份都有自己的曲线来描述独特性与心理健康之间的关系，其中倒U形曲线的顶点代表了该特定微观身份的独特性与归属感之间的最佳平衡点。个体作为创业者身份其最佳独特性水平与其作为其他微观身份的最佳独特性水平是不同的，如果创业者有一个以上的微观身份，那么创业

⊖　我们没有给出一个统一的"创业者身份"定义，因为虽然创业者有共性，我们也看到了他们之间的差异，而正是创业者本人对自己创业者身份的看法影响着他们的心理健康创业者。

者身份曲线的最佳值与他们的高级身份曲线也会有所不同。我们将在后面的部分对此进行更为详细的概述。例如，相较于父母身份，创业者身份将更能实现个体的独特性需求。

不同微观身份之间存在的界限被称为身份边界，是"将一个人（或身份）与另一个区分开的在身体、时间、情感、认知或其他相关方面的界限"（Ashforth et al., 2000: 474）。例如，身份边界可以由建筑物定义：一旦进入工作场所，个体就会接受与自己职业相关的身份。然而，身份边界也可能不是有形的（如不是建筑物），而在本质上具有更多的认知色彩。例如，一位创业者在开车时接到商业伙伴的电话，尽管他可能正想去山里过周末，但商务电话需要他进行身份转换，这种转换取决于其创业者微观身份的边界。尽管我们稍后会详细说明定义身份边界的特征，但在此也要注意，与那些维持多种和归属感相关的微观身份的创业者相比，仅保留企业创立者这一种微观身份的创业者的心理健康水平较低。

创业者在其所拥有的微观身份的数量上可能存在差异。随着时间的推移，这些微观身份基本保持不变。在满足独特性和归属感需求方面，创业者分配给独特性相关的微观身份的权重也可能存在差异，因为这些微观身份是整体自我认同的一部分。例如，创业者可能拥有各种微观身份。这些微观身份可以表示归属感，例如家庭成员，运动队成员，或常去教堂的人。但他们只能通过一个（或几个）微观身份来满足归属需要（Oswald & Suter, 2004; Stewart, 2003）。

创业者对于身份管理的策略选择会影响各种微观身份对独特性和归属感的影响程度（从而影响心理健康水平）。身份管理策略的有效性取决于个体的各种微观身份进行分离和互动的方式。然而，管理身份（以最优化心理健康水平）的挑战在于如何在微观身份之间进行有效转换，即从一种身份转换到另一种身份，以便"在心理上（以及生理上）退出一个角色，并进入另一个角色"（Ashforth et al., 2000: 477）。在身份边界之间转换的概念通常被视为心理交易成本（参见 Ortona & Scacciati, 1992）。如果退出一个身份并进入另一个身份的心理成本很高，个体的心理健康成本也会增高。分化策略和整合策略是两种管理微观身份的策略。通过个体独特的创业者身份，这两种策略会对人们的心理健康产生影响。

5.6 管理微观身份的分化策略和整合战略

分化是一种策略，用于维护表示独特性（即创业者身份）的身份和表示归属的身份，以及在不同时间和不同情况下对微观身份进行选择（Shepherd & Haynie, 2009a）。为了管理身份边界，尤其是降低身份边界转换成本，使用分化策略的创业者很少在微观身份之间进行转换。例如，创业者本身可能是父亲或母亲，因此创业者具有满足其归属感需求的父母身份（Oswald & Suter, 2004）。通过使用分化策略来管理自身的微观身份，创业者可以运用间歇性转换将创业者角色与非工作角色分开。通过这种方法，他们能够在工作时内化自己创业者的微观身份，而在不工作时切换到其他身份，例如父亲或母亲、朋友、运动员等。

分化策略不会改变创业者身份曲线的形状，它增加了一条代表创业者非工作的微观身份的曲线。在这个例子中，我们使用两条曲线代表两个身份，参见图 5-3（Shepherd & Haynie, 2009a）。右边是创业者身份曲线，当个体参与创业活动时，这一曲线将赋予其独特性。左边是非工作曲线（家庭身份），当个体参加与工作无关的活动时，该工作曲线将赋予其归属感。划分各种微观身份可以使人们形成一种高级身份认同，通过满足独特性需求（创业者身份）和归属感需求（如作为父亲/母亲，和运动队成员的身份等），创业者能够使自身的心理健康水平达到最优状态。

然而，对于许多创业者来说，通过分化来减少身份冲突，进而对身份进行管理可能具有挑战性。一项大型研究重点探讨了身份冲突，尤其是工作-家庭冲突（Lobel, 1991）。研究认为，通过分化策略来维持不同的身份可能行不通（Lobel, 1991）。例如，Greenhaus 和 Beutell（1985）发现了工作角色与家庭角色之间存在三种理论上的冲突：①时间上的冲突，即作为创业者以及作为父亲或母亲的身份所需要的时间相互冲突（例如，个体需要同时出现在两个地方）；②压力上的冲突，即一种身份角色引起的压力（疲劳或疾病）使得自身难以充分完成其他角色的行为；③行为上的冲突，即不同身份需要有不同的行为。例如，创业的不确定性会带来压力，这可能会使个体难以成功地将自己代入父亲或母亲的身份。

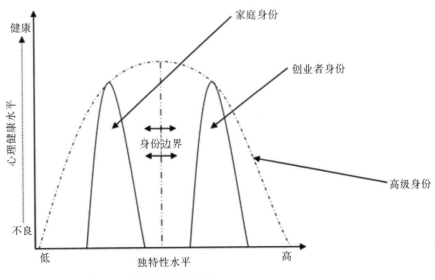

图 5-3　微观身份的分化

分化策略是身份管理策略的一个方面，其另一方面是整合策略。整合是一种创业者用来管理多个微型身份的策略。创业者将代表独特性的微观身份和代表归属感的微观身份统一起来，以此更好地平衡独特性需要和归属需要。通过这种策略，人们可以在两种身份之间进行频繁转换，从而（几乎）可以同时扮演这两种角色。整合策略努力将身份结合为"一种单一的、全方位的心态，它是一种存在的方式、一种无定形的自我"（Nippert-Eng, 1996: 568）。我们可以在家族企业中找到综合性身份的例子。在家族企业中，个体有许多微观身份。在采用分化策略时，这些身份有非常明显的区别。在采用整合策略时，这些身份实质上被合并在了一起。整合的目标是通过个体同时扮演各种身份或转换身份来解决多个微观身份需求之间的冲突。在图5-4中，我们（Shepherd & Haynie, 2009a）对这种策略进行了说明，即两种不同的身份被一种身份所取代。

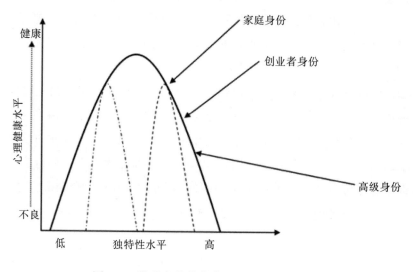

图 5-4　微观身份的整合

与分化策略类似，创业者采用整合策略来管理多个身份的过程可能是非常艰难的。如果试图缩小微观身份之间的距离，则可能会导致某种微观身份意外地被另一种微观身份所干扰。这种相互作用可以最小化对独特性和归属感进行平衡的需要，但它们也可能使人们注意力分散，并且这些注意力分散的情况可能在毫无征兆的情况下发生（Hall, 2002），从而导致个体无法沉浸在特定身份中。例如，朋友的电话会打断他们处于创业者微观身份的状态，而同事打来的电话可能会打断他们与朋友的互动。在这两种情况下，创业者的心理健康水平都可能会下降，因为他们的独特性需求和归属感需求都没有得到满足，并且他们会感到疑惑和烦恼，不知道哪个身份才是最重要的

（Ashforth et al., 2000）。然而，采取分化策略时，在个体保持其独立身份的情况下，这种类型的干扰是很难发生的。

以上是对分化策略和整合策略的说明。需要注意的是，我们并不建议仅采取某种策略的极端形式，我们认为这些策略是一个连续统一体的两方面。在这个统一体中，当管理多个微观身份时，人们的选择可以更偏向于某一种策略。此外，由于分化和整合策略的好处和成本不同，创业者为了满足个体独特性和归属感需求，创业者可能在对身份管理策略的评估方面存在差异。事实上，个体可以通过对两种策略进行不同程度的使用，来满足自己的独特性或归属感需求。研究人员通常认为，扮演创业者身份更有可能满足个体对独特性的需求，而扮演其他"集体"类型的微观身份则更有可能满足个体的归属感需求。一些人更赞成采用分化策略，即他们更喜欢分化策略带来的好处，或者能更好地处理与分化策略相关的挑战。而出于类似原因，另一些人更赞成采用整合策略。我们（Shepherd & Haynie, 2009a）认为，尽管创业者对分化和整合策略的偏好不同，但他们通常都希望：①满足独特性和归属感需求；②减少身份转换中的问题，即"在转换身份时需要进行的心理和生理努力"（改编自 Ashforth et al., 2000: 473）；③减少身份冲突的发生及冲突的规模。

为了帮助创业者将分化和整合策略应用到对独特性和归属感需求的平衡中，我们现在探讨身份边界和协同作用如何影响分化和整合策略在平衡独特性需求和归属感需求中的适用程度。我们认为，微观身份之间的边界和潜在的协同作用构成了策略约束，这符合身份是由社会建构的本质特征（Ashforth et al., 2000），在此基础上，我们提出了自己的理论。与以上论点类似，有研究指出，个体不能完全掌控自己的身份，同时，他们还会"接受"其他人"赋予"的角色特征（Katz & Kahn, 1978）。然而，我们的论点并不完全取决于这一观点，而是认为创业者自身可以加强或削弱身份边界。换言之，身份可以是协商的结果（Swann, 1987），其中，不仅社会现实影响着个体（Turner, 1987），个体也同样影响着社会现实（McNulty & Swann, 1994）。例如，人们利用印象管理和选择合作伙伴等方式让其他人站在自己的角度上来看待自己（Swann, 2005）。

5.7 身份边界、身份协同和管理策略

我们在上文解释了分化和整合策略，概述了身份管理策略的统一体。现在的关键问题是，在平衡独特性和归属感时，个体为什么会（或者应该）选择某一策略（更偏分化或更偏整合）。我们认为，创业者为了最优化心理健康水平而选择的策略是否

成功取决于相互冲突的微观身份（身份过渡可能带来益处）之间潜在的协同作用。此外，成功还取决于身份边界（身份转换的成本）的特征。图5-5对这个模型进行了展示和说明（Shepherd & Haynie, 2009a）。

具体而言，身份协同作用表示身份之间的相关程度。身份之间的融合水平越高，每个身份就越有可能促进个体作为其他身份的成功。例如，Pratt和Foreman（2000）描述了一个具有强烈宗教信仰的人（拥有一个与教会角色有关的强大微观身份）决定为一个宗教组织工作，从而"协调个人的宗教和工作身份"（Pratt & Foreman, 2000: 23）。另一个例子来自家族企业，个体的"家庭"微观身份（其中一个关键要素是"提供者"）与管理公司、养家糊口一致。身份协同会使一种身份改善其他不同身份的结果。例如，家庭身份增加了创业者身份满足独特性需求的能力，或创业者身份增加了家族身份满足归属感需求的能力。耐克创始人菲尔·奈特（Phil Knight）是家族企业背景之外的身份协同作用的一个典型示例。在20世纪60年代初期，他是俄勒冈大学田径队的队员，他希望毕业后自己能够坚持跑步运动员的身份，工作和运动员这两种身份促使他开发了一款突破性的跑鞋。奈特的创始人身份不仅赋予和满足了他对独特性的需求，还增进了他在跑步社区的身份认同，从而使他能够保持满足其归属感需求的身份，并最终改善其他身份的表现。

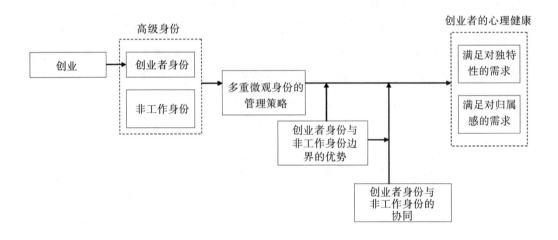

图5-5　通过管理创业者的多重微观身份实现最优心理健康水平

在研究概念化协同作用对微观身份冲突方面的作用时，我们（Shepherd & Haynie, 2009a）所采取的方式与组织学者描述人、团体和绩效之间的关系的方式是相同的。这项研究表明，当特定群体成员之间存在协同作用时，该群体的整体表现将超过每个群体成员个人表现的总和（Watson et al., 1991）。在此基础上，我们提出，在微观身份水平上，身份之间的协同作用既"拓宽"又"拉高"了高级身份曲线。也就是说，当个体的微观身份之间存在协同作用时，创业者整体身份的提升大于所有微观身份益处的总和。这种情况下的益处是指因独特性和归属感需求皆得到满足而改善的心理健康水平。我们在图 5-6 中阐明了这一观点。

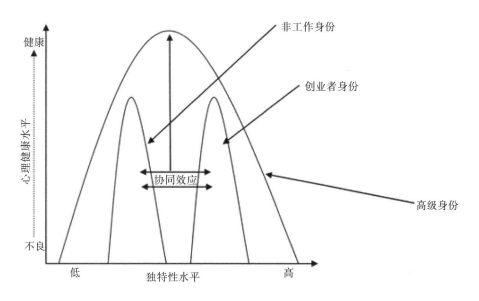

图 5-6　最优独特性与心理健康

接下来，我们将对创业者微观身份边界的强弱程度进行讨论。强边界是不可渗透且不灵活的，而弱边界是可渗透且灵活的。边界灵活性表示个体身份与不同环境或情境的相关程度。边界渗透性是对边界被中断和扰乱的脆弱程度的描述，它是个体转换身份的必要条件。不可渗透的边界只允许少数人以不同身份的角色和活动进入某一特定身份，而可渗透边界更容易受到入侵。僵化的、不灵活的边界可以根据特定的身份特征（如工作时间、地点、互动甚至人格特征）来定义特定的微观身份。例如，创业者身份要求个体必须在上午 7 点到下午 6 点之间待在办公室。另一方面，在灵活的边界中，微观身份没有被明确地定义或区分，它们可以相互转变。有了灵活的边界，微观身份之间的相互冲突变得不再明显。

通过将这些协同作用和边界概念整合到分化和整合策略中，我们形成一个可以用于特定情境的框架。我们可以利用这个框架探索创业者对独特性需求和归属感需求进行平衡的特定策略。为了便于说明，我们（Shepherd & Haynie, 2009a）运用了二分法在图 5-7 中对这个连续统一体进行展示。

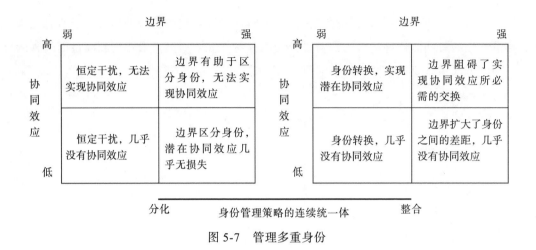

图 5-7　管理多重身份

5.7.1 微观身份的分化

最有效的分化策略具有很强的边界。强大的边界有助于创业者清楚地区分自己的创业者身份与非创业者身份。换言之，创业者身份转换之间的干扰被最小化了。身份之间的这些不常发生的转换使个体能够平衡独特性需求和归属感需求。例如，在一天开始时，从家庭身份转换为创业者身份满足了创业者对独特性的需求。在一天结束时，从创业者身份转换到运动员身份则满足了其归属感需求。然而，如果个体通过采用分化策略来有意减少转换次数，以保持不同的身份，那么他会难以实现身份协同。换言之，为了有效地实现协同效应，人们需要整合两个身份（Allredet al., 2005; Schweiger & Goulet, 2005），所以潜在协同作用的实现取决于身份之间的相互作用和协同程度（Larsson & Finkelstein, 1999）。因此，在身份边界较强的情况下，利用分化策略来管理多个微观身份的创业者的心理健康水平会得到提升，但当边界较弱时，他们的心理健康水平会降低（Shepherd & Haynie, 2009a）。

5.7.2 微观身份的整合

创业者运用整合策略整合与独特性相关的创业者身份和与归属感相关的身份，频繁地在身份之间进行转换以便同时（或几乎同时）扮演两种身份，以减少独特性和归属感之间的冲突。如上所述，这种策略的好处是能够实现潜在的身份协同效应。但是，如果想要通过整合策略从潜在的协同效应中受益，则身份边界必须是薄弱的。例如，在许多家族企业中，"市场"和"家"之间往往存在着模糊的界线，因为家族和企业密切相关（Hamilton, 2006）。薄弱的边界降低了个体在进行身份转换时的心理努力和遇到的挑战，这是利用协同效应的先决条件。然而，随着边界力量增长，身份之间的差距会越来越大，因此个体需要更多的努力来缩小差距。这种额外的努力增加了频繁转换身份带来的心理成本。因此，随着边界力量的增加，协同效应可能会变弱或难以实现。因此我们认为，当边界不灵活且不可渗透时，如果个体想要利用整合策略来捕捉独特性身份和其他身份之间可能的协同作用的优势，并实现其归属感需求，那么他将面临极大的挑战。然而，即使边界是灵活且可渗透的，如果协同效应不存在，创业者也必须处理薄弱边界带来的成本。例如，这些成本可能包括由身份边界模糊导致的身份冲突，以至于在没有协同效应的情况下，一个身份（例如创业者身份）的角色和责任蔓延到另一身份，反之亦然（Williams & Alliger, 1994）。

设想一下，将一个人的创业者身份和父母身份整合到一张桌子上，这张桌子同时代表了厨房的桌子（父母身份）和董事会的桌子（创业者身份），并在二者间频繁转换。由于边界比较薄弱，在管理创业者身份和家庭身份以平衡独特性和归属感时，整合策略变得更加有效。尽管 Friedman（1991）认为家族企业的利益在大多数情况下并不完全一致（1991），但一些创业者的非创业者身份可以改善他们作为创业者的角色。例如，Stewart（2003: 387）强调了家族亲属关系在促进创业活动中的重要作用："亲属提供广泛的、长期的社会支持，从而保证了创业者承担短期风险的能力"（Mattessich & Hill, 1976）。这可能是因为由家庭认同产生的归属感可以增加身份的独特性，进而强化个体的创业者角色。研究还强调了一些协同作用的例子，其中创业者角色增强了个体归属感。例如，在家族企业工作可以巩固个人的婚姻（Wicker & Burley, 1991）。

因此，相较于将两种微观身份的影响简单叠加，协同作用可以更多地提高心理健康水平。然而，为了实现这一点，协同作用必须存在的必要条件。上文的协同作用之所以能存在，是因为两个微观身份之间有可渗透且灵活的边界，而且有实现整合的策略。进行心理整合无法产生相同的效果，因此不会提升心理健康水平。在边界渗透性很低且缺乏协同作用的情况下，使用分化策略是最恰当的。但是相较于整合策略，分化策略提升心理健康水平的作用不够明显，因为整合策略可以利用潜在的协同效应，而分化策略则不能。因此，当身份协同有很高的可能性时，如果个体在身份边界较弱时采用整合策略来管理多个微观身份，会具有较高的心理健康水平（Shepherd & Haynie, 2009a）。此外，如果协同作用水平较高，边界较弱，那么具有较高身份整合的创业者的心理健康水平将高于任何其他策略、边界强度和协同水平的组合所带来的心理健康程度（Shepherd & Haynie, 2009a）。

5.8 工作角色、组织认同和分离性转变

如上所述，个体的职业是其身份的中心。换言之，个体对"我是谁"这个问题的回答往往集中在一个工作角色上：我是一名教师、一名医生、一名建筑师、一名海

军陆战队员等。学者倾向于从职业社会化（Nicholson, 1984）、角色转换（Nicholson, 1984）以及由这种转换引起的身份冲突和变化背后的过程（Ashforth, 2001; Ashforth et al., 2000; Ashforth & Mael, 1989）等角度来研究身份与职业之间的关系。这类研究有两种常见情况：相对稳定的身份与变化的角色期望相冲突（Swann, 1987, 2005）；不断发展的自我意识与固定的角色期望相冲突（Snyder & Swann, 1978; Stryker, 1987）。这两种情况都是随着时间的推移而展开的渐进式身份变化过程，通常人们认为这种过程有路径依赖性。也就是说，人们通常认为未来的工作角色一定与先前的职业角色"相关"（Rosenbaum, 1979）。此外，尽管我们知道职业身份变化是一个路径依赖的过程，但对于为应对某些事件而改变身份的研究却很少，这些事件几乎立即"剥夺"了个体持有的且有价值的职业认同，从而破坏了其职业道路（如创业失败）。职业认同可以用工作角色来定义，即"对与特定职位相关的行为、态度和价值观的一系列期望"（Schlenker & Gutek, 1987: 287; Stryker, 1968; Cantor & Mischel, 1979），而组织认同是指"一种心理状态，个体认为自己是一个更大整体的一部分"(Rousseau, 1998: 217; Dutton et al., 1994）。

一种职业路径破坏事件就是创伤。创伤是指在特定情境下，个体"面临着实际死亡、死亡威胁、严重伤害或者对自己或他人身体健康的威胁"，同时"该人的反应包括强烈的恐惧、无助或恐怖"（APA, 1994）。创伤性事件可以破坏个体的基本信念：生命是仁慈和有意义的并且自我也是有价值的（Janoff-Bulman, 1989）。我们对个体如何应对此类事件有着深刻的理解（Benight et al., 1999; Bonanno, 2004），但我们关于创伤对人们的职业身份和创业者身份的影响的研究才刚刚起步。

不幸的是，在当今日益全球化的组织环境中，受到战争、恐怖主义和非连续性组织变革的影响，创伤是一种相对普遍的经历。人们受到创伤时经常会进行不连续的身份转换。通过研究人们如何转换到新职位和组织，我们可以更充分地理解这些人能够为社区和国家经济做出贡献的程度（Audretsch, 2007）。

例如，我们（Haynie & Shepherd, 2011）选取了一些在伊拉克和阿富汗服役而伤残的美国士兵和海军陆战队员作为样本，研究了这些人由创伤引发的职业身份变化的本质。这个调查背景非常理想，因为身份和职业之间的联系非常普遍，并且各组织会有目的地提升这种联系以提高成员对组织的认同。事实上，社会学和心理学文献中有大量研究描述了代表军事文化的惯例、符号和物品如何对军事人员的身份产生强大而持续的影响（Budd, 2007; Hale, 2008; Lande, 2007）。然而，军队实质上"迫使"大多数因战时伤残而丧失工作能力的个体进行职业转换，并认为他们不适合继续成为军队组织成员。一些被调查者说，他们对自我的看法脱离了他们的工作角色和组织。最初，他们与组织紧密相关，但在他们受到枪伤或炸弹伤害后，就被迫离开了组织。一名士兵描述了这个想法："我知道我不再是 Joshua Smith 中士，我不再是家人或社会需要的样子，但我也不确定我现在是谁。"

该研究的样本包括 10 名在战斗中伤残的士兵和海军陆战队员。因为残疾，他们离开了军队，之后他们每个人都参加了聚焦创业的职业再训练计划。我们研究了创伤后调整良好的人的想法、情绪和行为特征，即那些主观幸福感相对较高并在新职业中实现里程碑式进展的人。该研究将这些人与创伤后调整不佳的人进行了对比，根据这些人之间的异同，我们得出了一个模型，这个模型解释了经历创伤后职业身份变化是如何发生的。

5.9 第一步：身份基础

在回应身份威胁时，为什么一些人更善于创造并内化新的自我概念，而其他人只能艰难地、缓慢地完成这项任务？学者们已经重点研究了这一问题。有证据表明，这些差异与协商和克服身份冲突的过程直接相关（如 Burke, 1991, 2003; Ibarra, 1999）。如上所述，由于个体通常具有多个身份（Ashforth et al., 2000; Pratt & Foreman, 2000），在一个身份（如父母身份）的行为期望违背了另一身份（例如企业所有者）的行为期望时，身份冲突就可能会发生。研究人员已经探讨了稳定的身份与变化的角色期望值相冲突的情况，例如职业变化（Swann, 1987, 2005）、结婚（Burke, 2006）和离婚（Rahav & Baum, 2002）等。这些研究结果表明了一个渐进式的身份变化过程，即新的行为期望是根据不断发展的自我概念而形成的。伊瓦拉（Ibarra, 1999: 764）指出，"人们通过试验临时自我来适应新的角色"，以便未来能够进行身份认同。总体而言，本研究报告提出，经历身份冲突的人可以改变他们关注的焦点、信念和行为来触发身份变化过程（Snyder & Swann, 1978; Stryker, 1987），或者可以改变他人的期望以克服身份冲突（Swann, 1987, 2005）。这两种方法的潜在假设是身份冲突会自动并立即启动身份协商行为（Burke, 1991, 2003）。也就是说，由于身份对心理健康很重要，个体会立刻注意到要去解决身份冲突或身份模糊的情况（Burke, 1991, 2003; Brewer, 1991; Tajfel & Turner, 1979a, b）。

然而，当创伤导致身份改变时，我们的一项研究（Haynie & Shepherd, 2011）为上述假设提供了一些相反的证据。具体而言，这项研究发现，尽管样本中的一些参与者最终在创业培训计划期间采用了身份创建这一活动来创建新的职业身份，但他们做这件事的过程既不是自动的，也不是即时的。有创伤经历的个体面临着比身份冲突更为紧迫的挑战，因为创伤带来的是对生存的威胁，这比身份威胁更加严重。据此，研究发现创伤恢复过程通常有两个阶段。在第一阶段，个体专注于重建关于世界和人性的基本假设。在第二阶段，他们的重点是在社会职业认同标准的基础上重建一个新的自我概念。

亚伦（Aaron）是该研究的参与者之一，他的经历就是创伤恢复过程中一个很好的例子。亚伦是一名海军陆战队员，他的身份与他的工作角色、组织密切相关。但在一场爆炸中，他被困在车下，几个小时后他才被救出，当时他几乎要失去性命。亚伦回忆了自己在刚受伤后不久的想法：

我 23 岁，是一名骄傲的海军陆战队员。我身体健康，在海军陆战队表现优秀。之后我经历了爆炸事件，我非常无助而绝望，我没法自己做任何事情。受伤后，我的信心就消失了，心也碎了。我开始怀疑自己，也不再关心生活。我看到了人性邪恶的一面，我不需要这一面，我也不想再活下去了。这是一场巨变，我好像厌倦了一切，甚至想到了自杀。我不在乎自己是生还是死。

亚伦的经历与创伤带来的后果是一致的。这一经历让他不再相信生命是仁慈且有意义的这一人生基本假设，他也不再相信自己是一个有价值的人（Janoff-Bulman, 1989）。创伤之后，亚伦必须在心理上重新调整那些被摧毁的人生基本假设，然后才能进行其他形式的身份协商或改变。为了进行理论构建，我们将这种调整称为身份基础，即人们已经内化的对世界和人性的信念和假设，这些信念和假设之间紧密相连，也是未来行动的基础，能够使人们实现自我的意义和目的。在建立这个身份基础之前，亚伦无法发展、形成或协商出一个新的职业身份。亚伦使用了几种应对机制来创建一个新的身份基础，其中一些是以问题为中心的，主要关注如何克服这些引起不幸的问题，还有一些是以情绪为中心的，主要关注如何减轻这些问题带来的负面情绪（要区分这两种机制，可参考 Folkman & Moskowitz, 2004）。例如，他说自己经常滥用酒精和药物，一天中的大部分时间都在睡觉。亚伦说："滥用酒精和药物是麻痹自己的一种方式，我不在乎，我完全不在乎后果。在我从部队离开又从医院离开之后的一段时间里，我一点都不在乎自己的生活。这是非常愚蠢的，或者说是错的，但我那段时间就是这么度过的。"他还采取了一些有用的行动来建立新的身份基础。例如，他开始认识到是什么阻碍他去创造生命的意义和目的的新基础。例如，他描述了他是如何意识到是他的朋友造成了他的不正常行为："呃，他们确实阻碍了我。我们出去喝酒、闲逛，然后放松。因为做这些事情，其他的我什么都做不了，只是重复地做愚蠢的事情。"此外，他开始去进行专业性咨询。这些简单的应对活动帮助 Aaron 达到了心理生存的基本水平，从而使他开始采取措施来协商新的身份。他接受不了自己的创伤经历，但他已经充分调整自己，开始建立新的身份，具体如下所述：

这个过渡的过程非常缓慢。并不是说，有一天刚醒来，我就会把所有这些放在一边，然后开始生命中新的篇章。我对生活感到不满，对自己所在的地方感到不满，而且我知道我必须要做一些事情，这样我才能去我想去的地方，所以我开始做出改变……我认为，作为人类，我们都需要有希望，这是生活的目的。如果生活没有目的，结果可想而知，所以你必须有一个活着的目的。

关于创伤的研究（Janoff-Bulman, 1992; Magwaza, 1999; Solomon et al., 1997）认为，从创伤性事件中恢复过来需要重建破碎的世界和自我假设以重新建立心理平衡（Janoff-Bulman, 1992）。我们（Haynie & Shepherd, 2011）支持这一想法，但研究结果还表明，这些假设的重建过程是有先后顺序的。具体而言，跨案例分析表明，在重建破碎的自我假设之前，需要重建破碎的世界假设以建立身份基础，这一过程是进行有意义的、积极的职业身份变化的必要条件。

5.10 创伤、身份变化和创业者的职业动机

过去的研究把创业看作特定群体（如残疾人、女性、少数民族或移民）的职业选择，这些群体在"传统"职业中遇到了阻碍（Kendall, Buys et al., 2006）。例如，自我雇用通常可以保证残疾人需要的工作条件（Wiklund et al., 2016），并为他们生活中的其他事情提供更大的灵活性（Arnold & Seekins, 2002; Hagner & Davies, 2002）。残疾人对创业展现出浓厚的兴趣（Callahan et al., 2002），在创业的人群中，残疾人的自我就业率高于非残疾人（Arnold & Seekins, 2002; U.S. Census Bureau, 2002）。创业也能帮助那些有污名的囚犯，因为他们从监狱出来后很难找到工作谋生（Patzelt et al., 2012）。

因此，通过探讨创伤后失去职业认同的人们的创业动机，我们可以发现哪些因素对形成新的职业认同是重要的。总的来说有两个动机：一是因为在其他职业中遇到了可能存在的或真实存在的阻碍（推动动机），二是想要满足一些心理需求（拉动动机）。

有时候，人们认为自己的生理缺陷会妨碍自己从事某些职业，因此他们会被推动着去创业。更有趣的是，我们（Haynie & Shepherd, 2011）发现了第二种推动动机，即基于经历创伤、应对创伤以及持续身份变化的就业限制。在经历创伤后的职业身份变化过程中，自主性需求是一个重要的问题。亚伦说，受伤后他感到"无助而绝望"。在身体恢复过程中，他必须完全依赖其他人，如医生、护士、朋友和家人。试想一下，这种长时间依赖他人和对控制权的缺乏会对亚伦（以及其他经历过创伤的类似的人）的心理产生什么影响。亚伦和那些具有类似情况的人本来是健康而又幸福的，后来却只能完全依赖他人而生存。另一位在战斗中受伤的老兵在描述这种推动创业的动机时说道，他认为这是最好的职业选择，"毕竟，我一直都依赖其他人。我需要体验自己有发言权的感觉。"相关职业和创业文献尚未充分探索这种推动动机，然而，这种动机可能有助于解释为什么这些残疾人的创业率是正常人的两倍（U.S. Census

Bureau, 2002），尽管在过去的十年中，残疾人工作场所的便捷程度和住宿条件都得到了改善（Batavia & Schriner, 2001）。在长时间依赖他人之后，对自主权和控制权的渴望限制了这些人的未来职业选择，就像他们的身体条件同样限制了某些职业机会。

除了这种推动动机之外，我们（Haynie & Shepherd, 2011）还发现心理需求会吸引这些人创业。由于人们对自己胜任力的基本需求，以及希望自己在别人眼里是有能力的，他们往往会进入创业生涯。我们的参与者指出，这种人想要被认为他们是有能力的人，能够白手起家并取得辉煌成就，能够养活员工；还有一些人认为创业能够表明一个人具备成功所需的能力。

创伤后更能直接引起身份变化的是两种拉动动机。这两种动机在调整良好的个体（即能够良好适应他们之前的职业之外的新生活）以及那些未调整好的个体中的表现是不同的。第一种拉动动机是对安全的渴望以及对新的职业身份的兴趣和激情。安全是人类的一项基本需求，对于尚未建立身份基础的人来说，创业似乎可以满足这种需求（Haynie & Shepherd, 2011）。有趣的是，虽然有些人提到他们是由于创业提供的安全感而进入创业领域的，但这种拉动动机在调整良好的个体中几乎不存在（Haynie & Shepherd, 2011）。

第二种拉动动机是对创业及其相关方面的激情。与安全类似，这种拉动动机会因个体调整程度的不同而不同。所有调整良好的参与者都认为，激情是创业的关键。对于调整良好的个体而言，他们的创业激情能够将他们的注意力从过去（即他们的创伤）和现在（即由身体残疾造成的阻碍）中引导出来，从而形成他们对未来的定位。由于新身份还未完全确定，因此这些人的拉动动机不是为他们的生活制订详细的计划，而是让他们的新身份得以建立。这种表现与未调整好的个体形成了对比。未调整好的个体更多地关注现在，他们需要找到一条有未来的道路，因此他们对安全的需求并不仅仅是一条抽象的、想象中的、未来的新道路。这些人没有身份基础，而且认为他们的未来或多或少是由外部因素预先确定的，所以他们是无法控制的。因此，未调整好的个体往往会感到些许绝望，认为他们在前进的道路上有着难以逾越的障碍。

5.11 能力转移

在这种创伤和创业背景下，我们还需要考虑一个问题：过去和未来之间的联系是什么。这种联系涉及能力转移，即个体把自己在一种情况下学到的知识和能力成功地应用到另一种情况中去（如创业）。有关职业生涯的文献经常探讨将职业能力（例如知识、技能和能力）从过去转移到现在或未来（Carless, 2005; Edwards, 1991; O'Reilly et al., 1991）。我们（Haynie & Shepherd, 2011）发现了两种类型的能力转移，包括：①职业能力转移，将以前获得的职业能力应用于新职业；②应对能力转移，把应对创伤经历的知识、技能和能力应用到新职业中。这两种能力转移在调整良好的个体与未调整好的个体之间的表现是不同的。

数据显示，对于调整良好的个体而言，在将所获得的能力应用到新职业时，过去、现在和未来具有十分明显的联系。例如，亚伦形容了他是如何学会在军队中遵守纪律的，以及这种能力对创业带来的影响，"我认为最重要的因素可能是纪律，因为首先要有纪律，然后才能遵守。如果你没有纪律，那么你是不会成功的。你看那些最成功的人，他们的成功都来自纪律。"同样，其他调整良好的参与者也从处理创伤经历的过程中学到了许多技能和知识，他们也倾向于将这些技能和知识与新的创业身份和企业联系起来。例如，亚伦说，直面创伤帮助他认识到自己的优势，"你知道吗？我永远不会希望发生在我身上的一切从未发生过，我也永远不会后悔。这并不意味着我可以再经历一次，而是之前发生的事情成就了今天的我。"另外，我们（Haynie & Shepherd, 2011）发现，调整良好的个体并没有完全地按照假设进行能力转移，而是专注于过去获得的能力以及他们将来要如何利用这些能力。为了完成这种转移，他们在思考以前获得的能力时用了一种更抽象的方式，即一种更结构化、更普遍、更便捷的方式。

相比之下，未调整好的人具有以下表现：①认为他们在军队中学到的技能对于他们开始新职业的帮助很小。相反，他们认为，过去的职业经历使他们具有了"能力劣势"；②拥有较少的应对创伤的技能；③对过去（军队生活和创伤经历）和未来职业之间在注意力上的不匹配。

5.12 创业是身份扮演的一种手段

如上所述，尽管人们通常重视他们的职业生涯和相关身份，但意外事件可能会完全终止这种身份（Ebaugh, 1988; Latack & Dozier, 1986; Latack et al., 1995），因此他们需要重塑这一部分的自我。最近的身份研究已经将身份扮演作为向新身份转换的手段（Ibarra & Petriglieri, 2010; Mainemelis & Ronson, 2006; Savin-Baden, 2010; Schrage, 1999; Winnicott, 1975），因为这种扮演将个体从行为一致性的约束中释放出来，从而使个体能够探索未来不同的自我（Ibarra & Petriglieri, 2010; Mainemelis & Ronson, 2006）。

早期对身份扮演的研究（Ibarra & Petriglieri, 2010）认为，个体必须进入一个较为安全的环境去尝试潜在的身份（Ibarra, 2004; Kets de Vries & Korotov, 2007）。然而，由意外失业引发的"非自愿职业转变可能无法提供足够的内部安全感来进行身份扮演"（Ibarra & Petriglieri, 2010: 20）。具体而言，在工作中遭受损失的人，如失败的创业者（Shepherd, 2003）经常感到悲伤，这是他们对于失去重要东西做出的消极情绪反应。然后他们会经历一段时间的迷茫（Ashforth, 2001），这时他们"会基于自我意识的改变努力建立'新自我'"（Conroy & O'Leary-Kelly, 2014）。这种损失往往威胁到个体的自我意识，因为他们通常感到自己现在的工作身份和将来的工作身份之间脱节了，所以他们必须对自己的工作身份进行"盘点、重新评估、修改、重新理解和重新判断"（Strauss, 1997: 102）。虽然从一个工作身份过渡到另一个工作身份是很重要的，但这一过程通常具有挑战性，因为他们不仅要放弃旧的身份，还要建立一个新的身份。

5.13 陷入低谷并认识失去的身份

失去企业会让一些创业者相信他们目前的生活状况是相当消极的。这种信念经常使创业者觉得他们已经陷入了低谷。陷入低谷指的是一种不满的表现，基于"人们当前生活状况中众多令人不快、不满、以及其他消极特征之间的联系"（Baumeister, 1991:281-282）。陷入低谷的影响很重要，它表明个体达到了产生"大量消极特征"的临界点，足以"破坏个体对角色、关系或参与的承诺"，而无关的意见或消极情绪则不足以破坏这一承诺（Baumeister, 1994:282）。⊖ 例如，创业者可能会将某些消极事件（如错误的销售预测、供应链出现问题）视为孤立事件，但这些事件是最终取得成功的典型障碍。然而，在不满具体化后，创业者可能将这些相同的事件看作与自己创业者角色相关的众多失败的一部分。

尽管创业者努力保护自己免受与生活情况相关的消极反馈，他们可能还是会看到"糟糕的日子越来越长"，因此他们会相信未来可能"基本上是同样的情况"（Bauer et al., 2005:1182）。如果创业者将消极特征和生活结果联系在了一起，那么他们以这种方式陷入低谷就会引发许多问题（Baumeister, 1994），最终消极影响会达到顶点，使他们彻底改变对自身角色的承诺。例如，许多人叙述了因对宗教团体（Jacobs, 1984; Wright, 1984）、婚姻（Vaughan, 1990）以及犯罪行为（Paternoster & Bushway, 2009）的不满而陷入低谷的经历。

陷入低谷会产生一种情绪危机，或者说是人们想逃避的极度消极状态（Jacobs, 1984; Paternoster & Bushway, 2009; Vaughan, 1990; Wright, 1984）。当这种情况发生时，个体可能会以完全不同的方式看待自己的生活，从根本上改变自己对构成生活的角色、承诺和关系的看法（Baumeister, 1994; Maitlis, 2009）。例如，失败的创业者可能需要改变与某些朋友群体的关系（如限制或拒绝昂贵的活动），改变财务协议

⊖ 人们在生活中可能面临着不同的消极特征，在这些特征中建立不同的联系，因此，他们陷入谷底的经历和时机各不相同。未来的研究可以调查不同个体在陷入谷底时的发展、性质和时机有何差别，尤其是和身份丧失相关的低谷。

（如出售昂贵的住宅，转移到更低成本的社区），以及放弃某些社区成员资格（如乡村俱乐部等），这可能会极大地影响他们的日常生活（Newman，1988）。另一方面，当人们失去的工作不被高度重视或者很容易重新获得或被取代时，他们则不大可能陷入低谷，因为失去这份工作并没有带来严重威胁。我们（Shepherd & Williams，2018）提出，在这种情况下，个体没有因不满而需要逃避的具体结果。

5.14 认知解构与身份丧失的逃避

有些人通过认知解构（Twenge et al.，2003）来面对具体化的不满情绪。具体而言，人们可能会试图通过减少他们的自我意识和有意义的思想来摆脱现在和未来工作身份之间的脱节状况，即他们可以将自己置于麻木状态（Dixon & Baumeister，1991）。同样地，陷入低谷后的认知解构是一种没有情绪的状态（Pennebaker，1989；Twenge et al.，2003），因为人们会主动回避自己的情绪（Baumeister，1990；Stillman et al.，2009）。同时，认知解构将意义与自我意识分离开来，并"消除威胁性影响……它是对洞见的拒绝，对影响或情境的否认"（Baumeister，1990）。认知解构状态不同于个体在陷入低谷前因工作损失而感受到的情绪。具体而言，处于解构状态的人们主要从一个受时间限制的角度来认识自我及所处的特定处境，他们的关注点只局限于现在（而不是过去或未来）、具体行为和表面上的感受（而不是更高层次的、更抽象的、广泛的想法）和近期目标（而不是过去或未来的远期目标）（Baumeister，1990；Twenge er al.，2003）。通过认知解构，人们可以避免产生与失去工作身份相关的思想，从而避免了伴随这种损失而产生的消极情绪（见 Pennebaker，1989，1993）。

虽然认知解构减轻了与身份丧失有关的困难，但长时间保持这种心理状态颇具挑战性，因为这种心理状态会导致不正常行为，如抑制解除（Baumeister& Vohs，2002）、被动（即逃避责任或自我反思）（Ringel，1976）、情感缺乏（Williams & Broadbent，1986）以及非理性的（而不是有意义的）思想（Neuringer，1972）。因此，处于无情绪状态的时期通常会受到高度消极情绪的影响（Baumeister，1990；Wegner & Vallacher，1986）。这种消极情绪到达顶点时危害极大，因为人们无法准确评估极端行为的后果，例如自我暴力（Baumeister，1988）甚至自杀（Baumeister，1990）。此外，人们进行自我监管的资源有限（Muraven & Baumeister，2000），因此保持解构状态所需的努力会让人很疲惫（Kashdan & Breen，2007；Vohs et al.，2005）。这种疲惫会带来更高水平的懒散和被动状态（Baumeister，1990；Twenge et al.，2003），并且人们会认为时间过得很慢（Twenge et al.，2003）（John & Gross，2004；Kashdan & Breen，2007）。当个体处于这种状态时，他的恢复过程被暂停（甚至没有真正开始），并且他会开始经历慢性功能障碍

（Baumeister, 1994; McIntosh & McKeganey, 2000）。

5.15　通过身份扮演从身份丧失中恢复

虽然身份丧失可能导致消极结果，但它的潜在好处是人们不仅可以重新开始自己的职业生涯（Zikic & Klehe, 2006），还可以通过身份扮演重获核心工作身份。"扮演"这个概念与认知解构有点相似，因为它提供了逃离现实的机会，尽管这是一种非常不同的逃避（Csikszentmihalyi, 1997）。扮演使个体能够"脱离当前的统治秩序和必要事物，还为个体提供了想象和创造的空间"（Hjorth, 2005: 392; Kark, 2011）。在提供逃避的机会上，扮演和认知破坏的作用相似，但身份扮演可以触发产生新的积极工作身份的过程（Shepherd & Williams, 2018），从而为个体提供更为健康的途径。

当人们进行身份扮演时，他们创造临时身份并参与其中，以确定这些身份是否可以成为自己未来的身份（Ibarra & Petriglieri, 2010）。在这种情况下，临时身份是自我的临时概念，必须"用经验重新塑造"才能变得持久（Ibarra, 1999: 767; 另见 Ibarra, 2004）。重要的是，身份扮演并不针对某个特定目标，而是注重发现、享受以及"预演未来的可能性"（Ibarra & Petriglieri, 2010:12; 另见 Csikszentmihalyi, 1990; Miller, 1973; Sutton-Smith, 2009）。这种扮演所带来的身份是对"可能的但尚未精心规划的"工作身份的尝试（Ibarra, 2005:3）。身份扮演是创造和探索自我的临时概念化的最佳环境，因为它连接了当前现实和未来的可能性（Ibarra & Petriglieri, 2010:11; G.Petriglieri & J.L.Petriglieri, 2010）。在这个临界点上，通过身份扮演，个体可以探索替代身份，而不必完全忠于这些身份。这些替代身份意味着未来的机会（Winnicott, 1975, 2001, 2005, Schrage, 1999）。在思考可应用于新身份的先前身份的各种特征时，或在形成全新的可能的自我概念时，人们可能会非常有创意。例如，失败的创业者可能会考虑如何将自己在创业时获得的技能和知识应用到企业环境中，或参加考试并申请去法学院学习，或进行其他低风险的探索活动。这种情况下，陷入低谷状态可以让创业者积极探索未来的可能性（Shepherd & Williams, 2018）。

虽然身份扮演有很多潜在的可能性，但它需要在一个鼓励探索、发现和测试未尝试行为的空间中进行（Schrage, 1999; Winnicott, 1975, 2001, 2005）。这种空间不一定是一个实际的地方，而是一种心态。在这种心态下，个体做好了充分的准备，并且愿意忽略或违反传统规则而不必担心结果，如被惩罚或被排斥（Glynn, 1994; Van Maanen & Schein, 1979），也不必担心行为受限（Ibarra & Petriglieri, 2010）。身份扮演还可以帮助个体摆脱专注于过去和现在的状态，从而将他们的身份从社会环境的验证和限制中解放出来（Ibarra & Petriglieri, 2010; Winnicott, 1975, 2005）。然而，与认知解构不同，在身份扮演中，个体并没有忽略意义的创造，而是考察了一系列可能的未来自我（Holzman, 2009），从而推动了身份的创造和恢复（Shepherd & Williams, 2018）。

首先，在陷入低谷之后，人们将注意力从身份丧失的消极结果中转移出去，以试图摆脱当下的状况（Jacobs, 1984; Paternoster & Bushway, 2009; Vaughan, 1990; Wright, 1984），这有利于减轻消极情感（Baumeister, 1994）。通过减少消极情绪（Fredrickson, 1998），身份扮演可以帮助个体逃离现在，而不受限于将有限的注意力集中在精心排练的行动上（如身份保护或重建）。身份扮演意味着向未来逃离，注重达到可控的低谷后的积极后果，以创造新的、积极的工作身份。以一个失败的创业者为例，他可能会逃避因思考失败而产生的消极情绪，并转而思考可能的职业选择，注重有关未来的积极成果（如获得一份有实质利益的稳定的公司工作，考虑在非营利性组织工作等）。当创业者认为"如果我创业成功，我将永远不需要考虑和追求机会"时，这种对未来的积极关注可能会进一步被加强。

其次，为了避免陷入低谷的情绪后果，人们可以将焦点从特定目标和结果转移到整个过程上。例如，一名受伤的退伍军人可能会停止思考如何取得更高的军衔或考虑"如果自己没退伍，会发生什么"。相反地，他会开始专注于其他职业选择，例如经营一个小型公司，与其他退伍军人一起创业，以及主动与其他面临类似挫折的人交谈等。这种逃避为身份扮演提供了一个以过程为导向的空间（Glynn, 1994; Miller, 1973）。它以手段为中心，而不注重结果。这种情况下，个体的行为是迂回的、探索的，而不是线性的、直接的（Miller, 1973）。因为专注于过程与身份扮演相关的活动就不受控于对理性的执着或对效率的强烈渴望。相反，这些活动使得个体在人生旅程和决策过程中寻找乐趣，"包括直觉、情感和信仰飞跃"（Ibarra & Petriglieri, 2010:13），所有的这些都鼓励创造性思维和行动（Isen et al., 1987）。此外，虽然快乐是角色扮演的重要动机（Ibarra & Petriglieri, 2010），参与当下的活动本身就能带来积极的情绪体验（Csikszentmihalyi, 1997; Mainemelis & Ronson, 2006）。这些积极情绪可以抵消持续存在的消极情绪（Fredrickson et al., 2000），并进一步扩大一个人的注意力和认知过程（Fredrickson, 2001; Fredrickson & Branigan, 2005），从而促进创造性地形成身份扮演中的多种替代身份（Shepherd & Williams, 2018）。

再次，为了避免情绪危机以及与低谷相关的"意义真空"，人们可以更少地关注远期目标（或过去未实现的目标，例如某些源于身份丧失的目标），并且更多地关注近期活动（即近期可以设想的或扮演的身份）。如上所述，身份扮演包括近期活动，以及测试临时身份的可能性相关的活动，这又会引导个体发现"现实中超越身份扮演"的原则和技能（Senge, 1990: 314）（另见 Miller, 1973; Sutton-Smith, 2009）。这种扮演涉及考察未来身份的低风险性探索活动（Brown & Starkey, 2000）。这是一个持久的过程，直至个体找到一个积极的（可能是临时性的）身份（Dutton et al., 2010），或至少可能会是积极的身份（Maitlis, 2009）。例如，在创业者失去企业之后，他可能会访问不同的地点并尝试许多不同的身份，包括创业顾问、创业教师、天使投资人、风险投资者、创业公司的员工和促进创业的政府机构人员等。因此，摆脱不满情绪所引发的情绪压力能够使人们喜欢身份扮演，这种身份扮演通过提供远离远期目标（如达到管理者的要求、在现场活动中表演）的时间和自由来探索新的可能身份。虽然我们强调要立即开始扮演，但个体可以通过将自我投射到相对不远的未来以测试新的（通过扮演创造的）自我概念。如果没有远期目标的约束，失败的创业者可以自由地开发并追求近期目标，例如创造并尝试通过身份扮演来形成临时身份。

最后，虽然认知解构状态下的幻想可能是有害的（Baumeister, 1990），但作为身份扮演的一部分，它可能非常有用。身份扮演"通常展现了幻想与现实之间的界限，或者梦想（即我们头脑中可能的自我）与现实（即在任何给定了时间和世界中的具体可能性）之间的界限"（Ibarra & Petriglieri, 2010: 15）。因此，幻想对于身份扮演是不够的，因为它需要飞跃梦想与现实之间的边界。认知解构状态下的幻想是有问题的，因为它脱离了现实，所以在生成可供选择的身份方面效果不佳。然而，当个体进行身份幻想时，他们能够创造性地探索（Brown & Starkey, 2000）或考虑具有实际意义的临时未来自我的想法，这可以提高形成积极身份的机会（Shepherd & Williams, 2018）。例如，幻想在非营利性组织工作的创业者可以通过在当地非营利组织工作两个星期来扮演自己幻想中的新身份。

5.16　公开身份扮演的规范

新积极身份的扮演与形成之间的关系很大程度上是由认知过程中有规范的想象力的程度所决定的。有规范的想象力表示一种评估和选择过程，在这个过程中，个体通过"将选择标准不断应用到试错思维中"而引入规范，并通过"将多种多样性引入问题描述、思考实验和包括以上思维的选择标准中"（Weick, 1989: 516; 也参见 Shepherd & Williams, 2018）来激发想象力。构建有规范的想象力包括问题描述、思考实验和适用于评估和选择的标准，可能会影响个体形成可得到的结果，即值得进一步细化和确认的合理新身份。如果没有形成适当的、合理的新身份，个体不太可能参与到身份细化中来，或在社交中确认他们的新身份。他们会继续进行身份扮演，从而推迟身份的恢复。

虽然身份扮演可以产生可能的新工作身份，但在完全确认新身份之前，个体可能不得不进行更细的身份细化和社会确认。个体可以运用自我信念的内部标准（Ibarra, 1999; Rafaeli & Sutton, 1989）并基于他人对自己新身份的外部反馈来评估该新身份，从而能够不局限于思考实验，进而更深入地分析他们可能的新身份（Ibarra & Petriglieri, 2010; Meister et al., 2014）。这些内部和外部形式的反馈提供了有关身份选择及与其对应的角色之间相互匹配的信息（Bandura, 1977; Weick, 1979）。在进行这项工作时，可能的新工作身份和个体角色之间的差距需要细化以"缩小差距"。换言之，个体必须调整新的身份以适应新的工作角色（Deaux, 1991; Erez & Earley, 1993）。Pratt等（2006: 248）对住院医师进行了一项研究，并指出身份完善包括三种形式的身份定制。住院医师使用夹板固定法或补丁修补法来缩小新工作身份认同和相应角色执行之间的巨大差距。在这种情况下，夹板固定法是指"使用临时身份，直到新工作身份改进并变得更强大，然后（可以）抛弃临时身份"。补丁修补法指的是使用一个身份来掩盖新身份与新工作任务之间的不适应和不匹配（Pratt et al., 2006）。对于较小的差距（这可能是由有效地使用夹板固定法或补丁修补法引起的），住院医师不断丰富身份的含义来进一步改进他们的新身份。也就是说，虽然新身份的基本特征仍然是相同的，但通过丰富身份，人们可以对身份有更深刻、更丰富和更详细的理解（Pratt et al., 2006）。总之，这些细化机制能够实现身份适应（Ibarra, 1999）。

除了刚刚列出的三种身份定制的方法之外，为了弥补身份和角色之间的差距并达到相互合适的状态，我们还可以改变工作角色的特征以使其与新身份更紧密地对接。例如，Wrzesniewski和Dutton（2001）指出，人们参与工作制定，重新定义并设想自己的工作角色，然后将这些工作角色与更有意义的工作进行更紧密的结合（至少相对他们的身份来说是更有意义的）。回到我们之前的例子，失败的创业者可以试图通过限制其身份范围来改进自己在教育学中的新身份。例如，创业者可以选择只教努力表现良好的、高潜能的或已成年的学生，而不考虑接收初学者。同样，他可以为创业者组织或新行业中的高管人员开展企业培训。这些细化活动有可能帮助个体将他们萌芽的新身份与他们期望的工作身份相匹配。

此外，一个新的身份也必须经过社会确认。研究表明身份建构涉及社会背景下的互动（Ibarra, 1999; Meister et al., 2014; Sveningsson & Alvessor, 2003）。换言之，人们可以尝试一种替代身份，从而在社会背景下进行身份认同。个体对新身份提出的主张会引发他人的反应，即这种替代身份被"他人"接受、拒绝或重新议定（Conroy & O'Leary-Kelley, 2014; Ibarra, 1999）。重要的是，这个验证阶段是个体对可能的身份进行间接的、更流畅的探索之后进行的，而且这一过程不涉及任何（或只有非常小的）社会的检验。例如，在我们之前的案例中，失败的创业者可能会决定在不同的政府机构中工作创业者，如美国小企业管理局。在早期探索阶段，创业者可能不会与任何人分享这个想法。然而，在意识到与其他身份选择相比这个想法是合理的之后，创业者可能会开始寻求社会确认。个体确保良好的社会互动很可能会获得一些信息，包括新工作身份中不可避免的缺陷，其他不对称的或遗漏的信息，以及需要进一步改进的信息（McNulty & Swann, 1994; Meister et al., 2014）。

社交互动不仅有助于确认新的工作身份，还可以帮助个体进一步优化身份。通过与他人分享新的身份，个体不仅可以获得反馈，而且其他人还可以通过支持特定功能、提供新信息以及促进中间立场的建立来帮助个体生成一个更容易想象的身份版本（Boje, 1991; Conroy & O'Leary-Kelly, 2014; Ibarra & Barbulescu, 2010; Polletta & Lee, 2006）。榜样是社会认可另一种工作身份的重要来源（Ashforth, 2001; Ibarra, 1999; Pratt et al., 2006）。角色模型展示了适合社交环境的技能、风格和行为。个体可以采用和发展这些技能、风格和行为，以作为他们新工作身份的基础（Ibarra, 1999）。例如，决定为美国小企业管理局工作的失败创业者可能会注意观察局内被高度评价的创业导师。这个人可能会为创业者提供良好的与学员交谈或激励学员的指导技能和行为示范。创业者可以以此为基础建立自身的新工作身份，以成为成功的创业导师。

当一个新的身份被社会确认时，个体可以将其作为一个积极身份。然而，当没有社会确认时，个体可以放弃它，或通过另一轮确认来对身份进行进一步的完善和测试。例如，失败的创业者可能会转向自己的导师或角色模型来寻求确认和指导，从而使自己能够在指导中与他人共同生成这一新身份，同时获得确认和合法性。这种社会确认有助于个体向新身份过渡，并且可以作为身份强化和支持的持续源泉。

个体可以偶尔通过身份扮演来完善和确认新身份。例如，身份扮演可以帮助人们运用夹板固定法来克服新身份和相关工作角色之间的主要"边界交叉"（Pratt et al., 2006; Van Maanen & Schein, 1979）。在运用夹板固定法时，人们需要在新身份变得更加强大之前使用临时身份（Pratt et al., 2006），所以这里的挑战在于"找到"临时身份——它在主身份发展的同时可以充当固定夹板。身份扮演可以帮助人们找到可能的新身份，同时，它也为人们在改善新身份时提供了可能的"固定夹板"。同样，当一个人通过补丁修补法进行细化时，他必须产生一个额外的身份来弥补新身份的不足（Pratt et al., 2006）。身份扮演可以有助于产生这种"补丁"。例如，当一个失败的创业者寻求作为企业员工的传统身份时，他可能会因缺乏创业角色而直面缺陷。为了弥补这些缺陷，创业者可以要求在新员工角色中承担项目式工作，并领导或"拥有"项目。因此，创业者可以选择一个团队，并在更大的公司中拥有更多的自主权。虽然这种情况可能并不理想，但这些补丁可能会帮助创业者向新的企业员工身份过渡。

身份认同甚至可以帮助失败的创业者丰富新的身份。具体而言，通过身份扮演，个人可以在更为极端的环境中探索新的身份，从而为新身份提供更深刻、更丰富和更细微的信息。一个人可以扮演不同的角色模型，结合不同的角色特征或组合并重组各种角色。例如，一名受伤的退伍军人可能会扮演一个稳定的角色——经营小型企业，这与他以前的工作身份几乎没有关系；同时，他也扮演了具有更高风险的工作认同度的角色。一名励志演讲者通过演讲来激励其他受伤的退伍军人或历经艰辛的人。通过扮演励志演讲者的角色，受伤的老兵可能会接触到其他同样奋斗过的人，从而对失去的身份以及新身份的细微差别和（可能的）重要性有了更深入的了解。

身份扮演也能帮助创业者融入他们的社会环境，重新获得新的身份，并获得社会认可。例如，其他人可以参与身份扮演活动，通过这种更加社会化的形式，相关规则和限制会在人际协商过程中形成并被调整（Barrett, 1998; Nachmanovitch, 1990）。通过"与他人一起扮演"，人们可以共同促成一个结果，以帮助个体完善新身份并最终获得社会认可。例如，失败的创业者可能会带动家庭成员（Newman, 1988）以及他在身份识别过程中遇到的其他人共同扮演，以形成新版本的身份。这个联合过程的最终结果可能是产生更细微的身份版本，以及提高新职业圈或社交圈对新身份的接受度。如果其他人拒绝（通过身份扮演产生的）新的临时身份，那么创业者可以重新进行身份扮演以发展新的潜在身份，然后可以对其进行改进和社会确认。

迄今为止，我们主要讨论了创业者在失去工作身份之后可能选择的路径。现在我们谈谈为什么创业者选择了某一条路径而不是另一条路径，为什么人们试图创造新的、积极的、工作身份后可能会取得不同程度的成功。我们（Shepherd & Williams, 2018）认为，注重促进身份形成的个体更有可能进行身份扮演，从而避免由于身份丧失或陷入低谷而导致的负面情绪。

5.17 家族企业与加速的创业过程中的身份冲突

许多企业由家族成员经营和拥有（Heck & Trent, 1999; Rogoff & Heck, 2003; Wortman, 1994），这可能导致家族和企业内部出现紧张状态（Daily & Dollinger, 1992; Harvey & Evans, 1994; Kellermanns & Eddleston, 2004）。家庭冲突可能是来自企业问题，例如对财务或提供的产品和服务有着不同的目标；家庭冲突也可能来自看似常规的问题，如工作时间。此外，企业冲突可能源于家庭问题，包括家庭成员不在家的时间，配偶之间的冲突，或对重要的家庭事务缺少关注等。在这些情况下，冲突往往是由家庭成员、家庭和公司之间直接而频繁的互动直接造成的。

要理解角色冲突对创业背景环境的影响，关键要发现家庭成员身份和创业者身份带来的行为期望。⊖在企业背景下（例如家族企业），冲突身份之间的边界往往模糊不清（Danes & Olson, 2003）。当个体的角色被分开看待时（例如，家庭成员和创业者），每个角色的行为期望是在来自社会环境输入的基础上开发的。换言之，社会环境建立了"身份标准"，用来判断特定身份的可接受行为（Burke, 2003）。虽然个体可能不普遍符合这些社会归属标准，并且这些肯定在不同文化中存在差异（Choi et al., 1997），但个体可以将他们的行为与这些社会类别进行比较，以确定他们是否可以接受给定的身份。当个体内化某个特定身份却违背该角色的期望时，可能会导致身份冲突。

然而，创业背景下身份冲突的共同原因始于家庭身份和企业身份的交集。因此，当个体激活自己的家庭身份和商业身份时，家族-企业身份冲突就发生了。同时，在人们以符合一种身份的方式行事时，也产生了与其他身份不相容的行为。

基于身份控制理论和社会身份理论，我们（Shepherd & Haynie, 2009b）认为，家族和企业身份被组合在了一个元身份中，即家族企业元身份。这种家族企业元身份是一种更高级别的身份，它描述了"我们在家庭中是谁"以及"我们在企业中是谁"，以便捕获这些偶尔相互竞争的身份。因此，通过这种元认同，个体可以解决家庭和企业重叠的冲突。我们将机会评估看作一种可能在家庭身份与企业身份之间导致冲突的活动，在此基础上，我们说明了元身份解决身份冲突的方式，即采用解决先前性质冲突的方案，或者改变元身份（通过协商）。

虽然我们认识到导致冲突的观点、知识和经验的异质性可以提高决策的全面性（Bantel, 1993），但我们也研究了家族企业冲突的"阴暗面"，即长时间的身份冲突会对家庭成员的心理健康带来消极影响（例如 Frone et al., 1992），导致家庭功能失调（例如 Kinnunen & Mauno, 1998）以及企业绩效恶化（如 Beckhard & Dyer, 1983）。因此，"挥之不去的"身份冲突可能成为创业背景下高效决策的障碍。

5.18　身份、身份冲突和新创企业

我们必须考虑到人们工作和追求各种人际互动的大背景，以便充分理解他们如何概念化自己的身份（Burke, 2003; Fiske & Taylor, 1991）。社会认同理论通常以社会范畴为前提（Tajfel & Turner, 1979a, b, 1986）。社会类别是指在组内相似性的基础上，特定社会群体的理想行为和属性（Cantor & Mischel, 1977; Fiske & Taylor, 1991）。例如，当某人被描述为"企业所有者"时，会让人想起特定的含义和特征用

⊖ 为了和社会心理学文献保持一致，我们交替使用了"身份"和"角色身份"两个术语（参见 Burke, 1991; Burke and Tully, 1977; Stryker, 1968; Stryker and Burke, 2000）。

以描述和限制"企业所有者"的社会类别，例如这类人的行为方式、着装方式和谈话方式，他们与谁相关联，他们的受教育水平等。如果人们与某一类别中的其他成员具有更多相似特征，他们将被更快速、更主动并更持续地视为该组成员（Fiske & Taylor, 1991）。这种社会类别对团队至关重要，主要有两个原因：①社会类别在社会背景下提供"秩序"；②社会类别在这种背景下定位群体（Ashforth & Mael, 1989; Turner, 1987）。换言之，社会分类使个人能够发展基于社会比较的身份（Burke, 2003）。然而，群体通常保持多重身份，因此社会中身份的概念比起初看起来更复杂（Ashforth et al., 2000）。

可以代表一个特定的群体成员的不同身份时往往与特定的预期行为相关联。这些期望在很大程度上由整个社会环境所规定的标准和传统所定义（Stryker & Burke, 2000; Stryker & Statham, 1985）。与非家族企业相比，在家族企业中，个体通常必须平衡对家庭角色和创业者角色的期望。个体的身份以对社会角色的行为期望为特征（Stryker & Burke, 2000），因此，我们将家庭身份定义为与家庭角色相关的一组行为预期（Shepherd & Haynie, 2009b）。一般来说，心理学家和社会学家认为，家庭角色体现的行为预期包括养育（Giordano, 2003）、保护（Goldberg et al., 1999）、护理（Lechner, 1993）、对家庭的忠诚和承诺(Knoester et al., 2007)以及对集体收益或损失的看法（Berger & Janoff-Bulman, 2006）。家庭能够以各种形式概述他们对特定行为的期望，如在家族传统、故事或信物中显现的家庭信条或文化。

同样地，我们将企业所有者的身份定义为与企业所有者角色相关的一组行为预期（Shepherd & Haynie, 2009b）。心理学和商业相关观点都表明，对企业主角色的行为期望包括产生外在回报（如增长，财务收益，公众认可）(Kuratko et al., 1997)、对企业及其成员的承诺（Muse et al., 2005）、社会背景下的合法性（Malach Pines et al., 2005）以及家庭的安全与繁荣（Kuratko et al., 1997）。企业可以在其使命陈述或企业文化中传达其特定的行为期望（Anderson et al., 2008）。

新创企业中的家庭和企业角色可以相互强化，但也会导致相互冲突的角色期望。工作与家庭的期望和要求往往导致这种冲突，因此许多学者试图通过分化策略来探索相关机制，以缓解常规工作和家庭角色之间的冲突（Bird et al., 1983）。与传统就业不同，对于家族企业的创业者来说，分化策略不足以，也不适合处理或预防家庭成员身份和企业所有者身份之间相互竞争的期望冲突。首先，对于大多数新创企业而言，有效分化策略的物理和时间边界通常不合适或不切实际。例如，在晚餐时会讨论工作问题，工作时间必须与孩子的棒球时间表协调一致，与家人一起过周末的计划可能与家族企业的股票变化的计划相冲突。在这些情况下，分化这些密切相关的身份所需的自我调节可能会带来精神压力（Baumeister et al., 2000），从而导致"在需要自我控制的后续任务中表现不佳"（Seeley & Gardner, 2003: 104）。

其次，分化策略阻碍了创业者或家族企业利用家族和企业身份之间的协同作用。这些协同效应有利于家族企业的发展（Kellermanns & Eddleston, 2004）以及创业者和家庭成员的心理健康（Shepherd & Haynie, 2009b）。例如，研究表明，系统性的家庭影响可以提高企业的成功率（Habbershon et al., 2003; Kellermanns & Eddleston, 2004）。通过家庭关系产生和加强的特征，如信任、忠诚和承诺，也经常服务于企业目标。此外，相比于家庭成员参与度不高的企业，如果一个企业有强大的家庭参与，那么家族对成员的特定技能、局限性和信念体系的独特认识可以帮助该家族企业更有效地实施战略。

重要的是，就新创企业中的身份冲突而言，更高层次的身份代表了家族和企业的身份以及两个身份交集。我们将这一点作为重点，因为对于许多新创企业而言，这种交集很可能代表了家族和企业所有者身份之间共有的含义所定义的一个独特情形。这两个身份的交集在同一时间被定期激活和共享。我们现在回到身份控制理论和元身份的概念，以讨论如何管理家庭和企业身份以及两者之间的交集。

5.19 家族企业角色认同的元身份视角

身份控制理论（Identity Control Theory, ICT）（Burke, 2003）以社会认同理论为基础，重点研究个体身份如何影响行为。换言之，个体在将自己与社会环境及其他环境中的其他人联系起来以扮演特定角色，从而创造出一种社会环境中身份的"标准"，即个体如何看待自己的身份，以及他们的行为如何与社会标准相关。身份控制理论的重点在于个体的身份和行为如何相互联系。例如，教师角色与学生相关，父亲角色与孩子相关，并且他们之间的互动可以被评价为与社会标准一致或不一致。身份控制理论强调身份的变化，所以它与其他社会认同理论不同。

伯克（Burke, 2003; 同样参见 Deaux, 1992, 1993）提出，当身份之间共享意义、有交集并被一起激活时，将会产生意义层级，其中层级中较高的身份控制层级较低的身份。对于许多新创企业而言，家族企业元身份是更高级的身份，它不仅告诉家人"我们在家庭中是谁"以及"我们在企业中是谁"，还详细介绍了这些身份的交集。当发生类似于过去的冲突时，被定义的家族企业元身份可以帮助缓解（低级别的）家庭身份和企业身份之间的冲突。此外，随着个体"通过互动进行协商、修改、发展和塑造期望"（Burke, 2003），这种元身份也会发生变化。当环境引发了家族成员和企业所有者角色之间的身份冲突，但这种冲突不同于以往的冲突时，角色转换过程就开始了。由于长期和激烈的身份冲突会导致消极结果，描绘家族企业元身份的变化就显得尤为重要。

5.20 家庭、企业、机遇和身份冲突

创业者采取的许多行动和任务可能会导致家庭与企业身份之间的冲突，而身份冲突还很有可能来自于机会评估的重要任务。机会评估引发身份冲突的原因主要有两个：①任务时间被延长，追求新途径的机会出现了，这就代表了高度不确定性的环境（Knight, 1921; McMullen & Shepherd, 2006）；②机会评估帮助创业者想象未来的活动和行为，这些活动和行为可能是有效利用这一机会的必要条件，因此变得更加明确。明确的未来活动和行为可以视为当前对家族企业身份的预期行为。

在特定机会时采取行动的决策以及时机对正在发展的企业的最终生存至关重要（Bourgeois & Eisenhardt, 1988）。从根本上说，创业就是根据"值得追求的机会的可能性"而行动（McMullen & Shepherd, 2006）。行为来自于信念的发展，即个体的机会实际上是家族企业能够利用且希望利用的机会。因此，我们必须相信，寻求潜在机会对于家族企业来说既合意又可行。在评估一个新机会时，家族企业必须在共同理解和相信的基础上，以家族企业的身份回答"我们是谁"这个问题。例如，评估一个机会需要家族企业确定"这对我们来说是不是一个机会"，这个问题经常包含其他问题："这个机会是否适合家庭和公司？""根据目前的知识、资源和能力，我们能否成功利用这个机会？"

关于家庭和企业身份之间的冲突，机会评估过程可能导致：①机会不引发身份冲突；②产生身份冲突的机会与先前的机会相似；③产生冲突的机会与先前的机会没有相似性。

5.20.1 不会导致身份冲突的机会

有时，机会评估与身份冲突无关，因为家族企业认为机会与家庭身份、企业身份一致。例如，当创业者寻求机会来开发和销售用于教育目的的新型高品质玩具时，企业所有者的角色和家庭成员的角色是相关的。在这种情况下，家庭成员角色的预期行为不会妨碍创业者达到企业所有者角色的期望，因此不会导致身份冲突。同样，潜在的机会可能会与两种身份的角色期望不一致。例如，创业者有机会引进一种没有市场的玩具（儿童不想玩），而且这种玩具制作低廉，并被涂上了一层有毒涂料。这种情况也不会导致身份冲突，因为机会利用与企业所有者角色的期望不相容——这一机会代表了有害的商业决策，并且也会与对家庭角色里与儿童安全和关怀相关的期望不一致。事实上，创业者很快就会做出两个决策：①在第一个假设情况下，家族企业可以很容易地决定利用这个机会；②在第二个假设情况下，家族企业可以轻易选择放弃潜在的机会。

另一方面，当家族企业认为机会与一个身份相一致但与另一身份不一致时，身份冲突就会产生。在这种情况下，冲突会消耗个体处理信息的能力，从而使决策过程变慢（Weick, 1990; Staw et al., 1981）。此外，个体可能会拖延，即推迟个体认为在情绪上没有吸引力的行为，尽管这个行为在认知上很重要，因为它可以带来未来的理想结果（Van Eerde, 2000）。如果个体经历一种新的身份冲突形式，那么冲突可能会持续下去（即不能立即被解决）。这种源于机会评估的持续性身份冲突可能会导致创业者推迟决策，放弃机会搜索和利用，或拒绝机会，因此家族企业会受到消极影响。

5.20.2　与过去相似引发的身份冲突

身份冲突会推迟机会信念的出现，其程度取决于该冲突与先前冲突的相似程度。身份冲突触发了个体对家族企业元身份的参考，并尝试调整层次结构中较低的身份（家庭和商业身份）以及协调身份的意义。这个元身份体现了家庭和企业身份及其交集之间的共同意义。元身份还捕捉已知的做法，以克服事先发生的事件所导致的家庭和企业身份之间的冲突。因此，元身份会制定例行程序，以比较目前的冲突与先前的冲突，旨在评估该冲突与过去已解决的冲突是否相似或不同。如果当前的身份冲突与过去遇到的冲突一致，身份冲突就是"类似的"。"类似的"意味着无论冲突的来源是什么，与先前冲突相比，它都"被定位在"家庭身份和企业身份的同一个交叉点。例如，一家家族企业看到了一个机会，但实践这个机会要求家庭成员对企业做出更多贡献，如工作更长时间，包括周末在公司加班。这个新的要求影响到了家庭，导致孩子们放弃他们的周末体育活动。在这种情况下，家庭和企业身份的交集体现在冲突的本质上，即最适合家庭和企业活动的（对于这个特定的家庭）折中平衡。如果创业者面临的未来机会导致同样的身份冲突，他可以通过采用过去的解决方案来解决冲突。这些过去的身份冲突解决方案是较大的家族企业元身份（即内容）的要素之一。

5.20.3　与过去不同引发的身份冲突

人们过去的经验并不是总能用来缓解由新机会引起的身份冲突。每个机会都是不同的，并带有其自身的不确定性，这可能是家庭和企业身份之间的一个新的交叉点。当一个新的交集形成时，家族企业的元身份库将不包括有助于解决身份冲突的示例。许多新的家族企业经常会遇到这种情况。为了克服这种新的身份冲突，家庭必须通过改变其"我们在家庭中是谁"的基本信念来改变其目前的家族企业元身份。改变家庭企业元身份需要角色转换，或"通过互动来协商、修改、发展和塑造期望"（Burke, 2003）。这种角色转换必须发生在家庭现有结构中，并通过家庭成员之间的互动进行。

动态角色转换过程发生在社会环境中，并且这一过程包含与现有身份标准要求的行为类型一致或不一致的行为。通过共同理解家庭和企业角色的预期行为以及两者的相互作用，人们会形成家族企业的身份标准。因此，要改变（即修改或扩展）该标准，家庭必须对"我们是谁"形成新的集体认识。在先前的例子里，家庭评估的机会与他们对与工作和家庭相关的平衡活动的共同理解不一致，这时为了利用这个机会，家庭需要重新协商角色，以改变他们对家族企业身份的集体理解。

文献验证了这种协商身份的观点（Burke，1991，2003）。当元身份的当前示例无法解决冲突时（即冲突与先前的冲突不同），元身份需要学会适应以吸收家族企业交集的新概念。这种适应改变了"我们是谁"的答案，从而改变了"我们在家庭中是谁"和"我们在企业中是谁"的答案。冲突解决过程的结果是这种转变增加了家族企业可用于克服未来身份冲突的解决方案。如何快速解决身份冲突（以及机会信念的形成速度）取决于重新协商的总体效果和效率。

结论

在本章中，我们提出创业生涯为个体提供了多种机会来发展有意义而独特的身份。为了克服因独特性需求与归属感需求之间的平衡而产生的认知和心理挑战，创业者可以应用整合或分化策略来管理他们的工作身份和非工作身份。我们还阐述了创伤事件如何影响个体的职业认同。同时，创业作为一种替代性职业可以重建职业认同，从而帮助个体在情感和心理上得到恢复。最后，我们重点研究了家族企业所有者-管理者的具体案例，并且讨论了这些管理者如何解决他们作为家庭成员和企业所有者的角色之间可能存在的身份冲突。我们将在下一章中探讨情绪在创业中的作用以及它们与创业者认知的关系。

第6章

情绪和创业认知

创业是一种高度情绪化的活动。人们经常把创业比作一个具有多重起伏的"情绪过山车",影响着创业者的情绪体验。例如,创业者可能会体验到工作中的激情、欢乐、满足、能量、激情和兴奋,但也会体验到失望、困扰、焦虑、愤怒和悲痛(Shepherd et al., 2011; Baron, 2008; Cardon et al., 2009; Patzelt & Shepherd, 2011; Foo et al., 2009; Boyd & Gumpert, 1984; Schindehutte et al., 2006)。心理学研究早已认识到,情绪可以影响人们的思考和决策。例如,情感信息(affect-as-information)理论(Frijda, 1986; Schwarz & Clore, 1983)指出,个体会(默默地)询问自己对特定情况的感受,并根据该信息进行决策。拓延–建构理论(Fredrickson, 1998)认为,积极情绪可以拓宽个体的思维–行动空间,从而影响个体认知。此外,人们也可以利用他们的认知资源来影响情绪体验(Folkman & Moskowitz, 2004; Lazarus & Folkman, 1984a,b)。我们现在将探讨情绪与创业认知之间的关系。

6.1 积极情绪与创业认知

当个体高度重视自己的工作时,会对工作产生激情,就像是定期从事与工作有关的活动(Vallerand et al., 2003),并将工作融入个人身份之中。例如,比尔·盖茨和史蒂夫·乔布斯不仅仅是微软和苹果公司的创始人和前任首席执行官。实际上,他们创办的企业也在一定程度上定义了他们的身份,他们的工作活动也成为他们身份的重要组成部分。然而，管理者将工作活动纳入其身份的程度各不相同（Cardon et al., 2009; Shepherd & Haynie, 2009），从而产生了和谐式激情和强迫式激情。两种激情在程度上有所差异，但并非两个极端（Vallerand et al., 2003）。

6.1.1 和谐式激情与创业者的机会利用

和谐式激情是指与个体身份相关的某种活动的自主内化，可以促使个体决定从事该活动（Vallerand et al., 2003）。如果人们对工作有和谐式激情，那么他们会轻松自主地开展与工作有关的活动。例如，当创业者与创新团队成员一起进行头脑风暴时，他们不仅找到所需资源来将想法转化为产品，而且设置产品的开发预算，即使他们没有（或者只有很少的）义务来从事这些活动。换言之，这些创业者的动机不是来自公司特定产出的目标、工作中的社会压力或者养家的需要。此外，在个体发展自己企业管理者的身份时，工作发挥着重要作用，但这并不意味着工作必然会支配他们生活中的其他部分。实际上，创业者在创建自己身份的同时可以平衡生活中的不同元素。例如，一个拥有和谐式激情的创业者可以将家庭成员、高尔夫球员和吉他手的角色融入自己的整体身份。

通过自主地将工作内化为自己的身份，拥有和谐式激情的创业者能够灵活地开展工作，并相信他们能够控制自己的创业活动。这些灵活性和控制感让创业者感受到了积极的情绪。他们沉浸在工作和经历中（Vallerand et al., 2003）。例如，一些公司的创业者报告说，他们会全心全意投入工作（Shepherd et al., 2011）。当创业者有积极的情绪体验时，他们更有可能追求新的机会。

此外，拥有和谐式激情的创业者很少使用启发式思维，而是更多地采用分析策略，因为积极的情绪体验可以让创业者以新颖的方式建立或连接认知框架，从而提高认知灵活性（Baron, 2004; Ward, 2004）。例如，一个积极的情绪状态表明决策者可以使用心理资源来拓宽自己的思维 – 行动空间（Fredrickson, 1998）。因此，具有积极情绪、和谐式激情的创业者更有可能发现不明显的替代方案来规避利用新机会所带来的挑战（参见 Baron, 2008），展示出有助于成功创新的创造性（Bharadwaj & Menon, 2000）。

此外，由于工作中积极的情绪状态，拥有和谐式激情的创业者相信利用新机会的风险不大。个体经历积极情感时，他们更有可能相信自己能够控制环境的影响（Alloy & Abramson, 1979），因此积极情感影响了他们对风险和不确定性的感知，这两者都可能成为利用新机会的重大障碍（McMullen & Shepherd, 2006; Mullins & Forlani, 2005）。如果创业者认为自己能够把握好新机会的不确定性，将更有可能利用新机会（Mullins & Forlani, 2005）。即使创业者不了解整体情况也仍会这么觉得（Choi & Shepherd, 2004）。总体而言，拥有和谐式激情的创业者会花费较少的精力来收集和分析信息，而更有可能采取行动。激情不足的创业者会认为自己的背景控制能力有限，而很少采取行动。

6.1.2 强迫式激情与创业者的机会利用

强迫式激情是指"个体受到控制地将某种活动内化为自己身份的一部分"（Vallerand et al., 2003:757）。基于自身责任和人际责任，个体认为自己有义务承担某项活动，并因此产生了强迫式激情。例如，创业者可能是创业俱乐部的一员，该俱乐部要求会员每年创造一定数量的新产品或服务。或者，创业者的自尊可能与他们发展项目的绩效挂钩，从而使他们为这些项目投入大量的精力。这种对项目的强烈奉献会使工作成为这些创业者身份的重要组成部分。拥有强迫式激情的创业者通常无法在身份形成过程中很好地平衡工作、家庭和其他角色。这是因为创业活动在他们的整体身份中占据了太多空间，导致与其他角色和活动的冲突（Vallerand et al., 2003）。

与和谐式激情不同，强迫式激情不会促使个体获得积极的情绪体验而采取行动。相反，一种"内在强迫性"在促使他们开展活动（Vallerand et al., 2003 757）。这种感觉上的工作义务也会促使创业者追求新的额外机会。例如，没有强迫式激情的创业者可能会认为，利用某个机会可能会占用太多的企业资源，或者带来太大风险，因此决定不再进一步寻求机会。然而，拥有强迫式激情的创业者很少会考虑资源和风险。相反，他们会考虑利用这一机会是否会被企业、利益相关者（如出资人）或企业界接受。此外，他们能够借此维持自己的形象——"很有企业家精神，不会错过任何机会"，这又有助于维护他们的自尊。许多研究支持这些论点，并提出相关证据，即在将有难度的远期目标（如开发新的产品机会以进入市场）视为常态的环境中，个体常常难以抵制关注近期回报的冲动（如被企业社区接受），从而忽略了更长远的目标（Metcalfe & Mischel, 1999）。

拥有强迫式激情的创业者往往会在工作之外经历消极情绪（Vallerand et al., 2003）。他们的业务会带来相关义务，他们还要开展与业务相关的活动，因此对他们来说，专注于工作以外的活动很困难，甚至不可能（参见 Vallerand et al., 2003）。例如，当与朋友和家人在一起时，拥有强迫式激情的创业者可能会不断思考和讨论工作中的问题，并尝试发现新的创新机会。他们甚至连业余爱好都与新创意相关。例如，信息技术（IT）领域的创业者可能会在参加电脑俱乐部的闲暇时间旁听电脑爱好者的会议，并可能在俱乐部内形成密切的社交关系。创业者可以与这些朋友交流信息技术行业的近况，以开发新的产品创意，或在正常工作环境之外验证自己的工作理念。对于拥有强迫式激情的创业者,他们在与这些朋友交流时产生的想法越多,对当前想法的认可程度越高,他们就会越倾向于利用新的机会。

在平衡企业角色和企业环境之外(如家庭)的角色时,拥有强迫式激情的创业者可能会分配更多的时间在企业问题上。实际上,角色理论家认为,同时参与多个角色可能会导致角色冲突,进而消耗人们的应对资源(Allen, 2001)。为了减少这种角色冲突,拥有强迫式激情的创业者往往把精力集中在企业角色上,而忽视他们的家庭生活和其他无关工作的活动。此外,这些创业者通常利用现有的工作时间和精力来专心开发新的机会。因此,创业者的强迫式激情程度越高,他们就越可能选择利用机会。

6.1.3 与工作无关的兴奋的调节作用

虽然工作激情改变了创业者在进行工作活动时的情绪状态,但创业者也可以体验源于工作环境外的情绪。具体而言,创业者可能会经历情感变化。与工作激情不同,这种变化是被商业环境之外的事件有意识或无意识地触发的(Cardon et al., 2009)。创业者也可能在企业环境中体验这些情绪(Isen & Geva, 1987)。

在一项关于创新型所有者 – 管理者决策的研究中,我们(Klaukien et al., 2013)探讨了工作之外的兴奋源。兴奋是一种强烈而积极的情绪体验,可能影响创业者的判断和决策(Baron, 2008; Russel, 1980)。例如,工作环境以外的兴奋可能源于期待看到新电影、下班后的娱乐活动、赢得体育比赛、期待即将举办的派对、庆祝孩子毕业。⊖这种与无关工作的兴奋扩散到创业者的工作环境中时,可能会影响他们对新机会的评估。如上所述,创业者也可能因为对工作的激情而感到兴奋(Cardon et al., 2009)。除此之外还存在更多其他兴奋源,在本节中,我们整理了这些来源,并且重点关注了源于工作环境之外的兴奋。

和谐式激情会影响创业者对机会利用的决策,而兴奋会减少这种影响。如上所述,和谐式激情会在工作中产生积极的情绪,鼓励创业者寻找新的机会。积极的经历反作用于创业者,让他们觉得自己更能掌控资源有限且竞争激烈的环境,而这两者都可能危及新产品或服务(Mullins & Forlani, 2005)。此外,积极的情绪体验可以提高创业者的创造力,这是有效开发新产品的先决条件(Bharadwaj & Menon, 2000)。然而,经历积极情绪有一个上限,超出上限的刺激将不会继续带来更多积极情绪(Westermann et al., 1996)。兴奋是一种激活程度高的积极情感体验(Russel, 1980),会占用创业者的大量情绪容量,同时为和谐式激情所带来的积极情绪提供的空间就相

⊖ 这种兴奋的概念与我们在试验中使用视觉刺激来引起兴奋的方式一致。尽管在观看令人激动的图片时,创业者的兴奋程度可能有所不同,但一项强有力的研究表明,这样的图片确实会引起观察者的兴奋。

应变少了。换言之，当拥有高度和谐式激情的创业者在工作环境之外经历高兴奋水平时，他们从工作相关活动中得到的积极情绪就相应减少了，因为他们的积极情绪主要来自与工作无关的兴奋。

例如，赢得彩票的创业者在第二天进入公司时可能会非常兴奋。由于创业者已经具有高度积极的情绪，执行与工作有关的任务则不太可能增加其整体的积极情绪体验（参见 Westermann et al., 1996）。在这种情况下，创业者的工作激情很少会影响他们对风险、资源和竞争控制，以及自身创造力的认知和看法，而所有这些因素都可能会促进新产品或服务的开发（Bharadwaj & Menon, 2000; Mullins & Forlani, 2005）。此外，对于兴奋程度较低的创业者来说，他们可能会从工作激情中感受到大量积极情绪，因为他们有更多容纳积极情绪的"空间"。因此，和谐式激情强烈影响着创业者对风险、控制和创造力的看法，并且更有可能触发寻求新机会的决策。

在和谐式激情与利用新机会的决策之间，与工作无关的兴奋扮演着负调节（即替代）的角色。与此不同，兴奋放大了强迫式激情与机会利用之间的关联。强迫式激情促使创业者基于与工作相关的义务（例如企业社区内的社交规范）而利用机会，这可能会降低他们的自制力，而这种自制力可以帮助人们在不合适的情况下拒绝利用机会。与工作无关的兴奋可以进一步降低他们的自制力。对机会开发的抵抗和自我规范的能力基于创业者对面向未来（即长远）目标的把握，以及对潜在机会是否符合这些目标的深入评估（例如，机会利用将有助于创业成功或符合研发团队的资源）。当另一个刺激转移了创业者的注意力时（Simon, 1957），导向这些目标的行为可能会被打断，新的目标可能会取而代之被他们追求（Carver & Scheier, 2001）。

兴奋是强烈的情绪刺激（Russel, 1980），可以转移创业者对企业远期目标的关注。然而，兴奋往往也会促使人们立即采取行动（Russel, 1980）。因此，与兴奋水平低的创业者相比，高度兴奋的创业者更容易受到当前与工作有关的义务的影响，并且往往会依照这些义务行事而损害远期的目标。例如，如果强迫式激情的创业者所在的社会环境期望他们推出大量的新产品或服务并且不能忽视重要的新机会，那么高度兴奋的创业者将很少关注新产品或服务是否会使企业长久受益。相反，他们可能会更多关注督促他们立即利用机会的社会压力。然而，兴奋程度较低的创业者可能不太注重行动，而会更多努力评估新机会是否符合企业的长远目标。因此，强迫式激情的创业者的兴奋程度越高，他们的工作活动的义务就越强烈地影响他们对机会的利用。

6.2　管理者的情绪表现与员工的创业意愿

人们通常认为管理者是理性决策的经济人，不受自己情绪的影响（Chandler,

1961）。研究人员早就认识到管理者的理性是有限的（Simon, 1957），而后期才有研究探索管理者的情绪在决策过程中的作用（Fineman, 2003; Huy, 1999）。情绪及其对他人的表现往往是人们社交中的一部分，并且会大大影响他人的认知和行为（Hochschild, 2012）。因此，管理者在与员工互动时展示的情绪会影响员工的行为（Rafaeli & Sutton, 1987）。我们将情绪表现定义为"个体当前通过声音、面部和行为表现出的明显反应，这些反应似乎表明了他当前经历的情绪"(Lewis, 1998）。

管理者的首要任务是激励员工为组织的利益而行动（Yukl, 2006），因此管理者有必要根据他们想从员工身上引出的行为来表现自己的情绪。Newcombe 和 Ashkanasy（2002）指出，与个体所传达的客观信息相比，他们的面部表情更有可能影响观察者对他们领导能力的评价，这也说明了管理者的情绪表现对员工的巨大影响。学者们还指出，情绪表现会改变接收者对言语信息的理解（Archer & Akert, 1977），同时个体的暗示性情绪也可以改变接收者的情绪状态（Pugh, 2001），从而影响他们的决策和行动。

发送者表现的情绪也可能不会反映自己"感受到的"情绪（Ekman & Oster, 1979; Hochschild, 2012）。例如，服务员即使很生气，也要向客人露出欢迎的微笑，从而获得更多的小费（Rafaeli & Sutton, 1987）。事实上，管理者表现出的情绪与他们的感受之间的不一致，使他们可以只向外展示能促使员工的表现与组织目标保持一致的情绪，无论他们实际体验到何种情绪（Dasborough & Ashkanasy, 2002）。管理者必须能够控制他们表现的情绪，并只表现那些符合目标的情绪，这种能力最终反映了管理者的情商（Mayer & Salovey, 1997）。

这种情绪表现对接收者的影响取决于他们对发送者角色的期望。例如，虽然服务人员通常打算对客户友好地微笑，但是殡葬主管应该向死者的亲属表达悲痛（Rafaeli & Sutton, 1987）。角色期望和情绪表现甚至会在个体层面发生变化。例如，人们不希望护士在手术室内表现出情绪，在与患者及其亲属相处时，他们应该表现得温暖且善于交际（Denison & Sutton, 1990）。我们现在重点关注鼓励员工创业的管理者角色，尤其是这些管理者的情绪表现如何影响员工的创业意愿。

对企业来说，增加员工的创业意愿非常重要。首先，创业行为对组织获得知识并将其转化为新产品至关重要（Shane & Venkataraman, 2000）。鉴于当前商业环境的竞争力，这项活动尤为关键。其次，企业需要寻求创业项目来面对恶劣且多变的环境（Ireland & Hitt, 1999）。此外，当员工具有创业思维时，他们更善于发现具有高增长潜力的新商机。如果企业没有创业型员工，就可能会错过这些机会（McGrath & MacMillan, 2000）。

企业动机研究提出了影响个体创业愿意的几个因素。例如，Shane 等（2003）强调了人们的冒险倾向、目标设定和驱动力是创业者的主要动力。我们认为，管理者对创业项目表现出的情绪会向员工传递信号，从而影响员工对风险或不确定性的看法，同时会影响项目的目标和员工的努力。最后，情绪具有传染性，也就是说，管理者的表现可能会蔓延，影响员工的情绪体验和创业动机。在本节中，我们重点讨论了满意、挫败感、担心、困惑和压力情绪。我们也研究了信心这一因素。有些学者也将其看作一种情绪（Barbalet, 1996），然而自信更多的是基于认知而不是其他情绪。因此，信心可能会左右其他情绪对员工的影响程度。

6.2.1　信心表现

信心是一种"相信期望能实现的情绪"（Barbalet, 1996:76），能够鼓励人们付诸行动（Barbalet, 1996）。当人们能够根据手头资源成功处理特定情况时，他们就会有自信的感觉（Collins, 1987）。管理者的信心表现行为说明他们相信员工能够成功完成创新任务，从而激励员工采取创业行动。

如果创业项目可能会损害人们的财务福利、精神健康和职业安全，那他们就不确定是否要参加该创业项目（Liles, 1976）。如果人们认为项目的不确定性低于自己能接受的风险程度，那么他们会采取创业行动。管理者表现出的信心暗示员工项目可以取得成功，促使员工对项目的不确定感知降低。尽管信心表明了项目成果在团队控制范围内，但管理者和员工仍然可能遇到重大挑战。事实上，这些挑战可能会带来特定的情绪体验和表现。员工通常将管理者视为项目专家，管理者的信心对员工的行为有强烈的激励作用（Carson et al., 1993）。因此，管理者的信心表现会告诉员工项目是可行的，还可能会成功。

6.2.2　积极的情绪表现

虽然学者对情绪的定义存在异议，但他们普遍认为"情绪是对情境感知的效价情感反应"（Richins, 1997:127）。深层情绪是个体总体幸福感的信号（Rafaeli & Sutton, 1987）。人们经历的情绪范围很广（Averill, 1975），研究人员列出了大量分类，试图系统梳理我们对这些微妙反应的理解。一些学者认为，有一些少量的"基本情绪"，所有其他情绪都源于这些基本情绪（Ekman, 1992; Frijda, 1986）。在本节中，我们研究了管理者基于这些基本情绪的五种常见情绪的表现（Ekman, 1992; Frijda, 1986）。事实上，研究发现这些情绪在组织变革过程如公司创业（Guth & Ginsberg, 1990）中有显著作用（Brundin, 2002）。

Rafaeli和Sutton（1987）以及很多学者（参见Russell, 1980）认为，情绪分为积极的和消极的。积极的情绪"反映了一个人感受到激情、积极和警觉的程度"，是一种"高能量、全神贯注和愉快参与的状态"（Watson et al., 1988:1063）。积极的情绪代表了满意度，即相信个体的表现高于正常或预期水平（Fisher, 2003）。研究调查了许多形式的满意度（例如工作满意度（Fisher, 2003）和顾客满意度（Rafaeli & Sutton, 1987; Pugh, 200））。研究结果发现个体在收到积极反馈后会感到满意。

如果管理者表现出了满意，那么员工就会认为自己的项目表现超出预期。管理者表现出满意可能会催化员工的创业动机，原因有三。

（1）人们往往认为过去的成功也适用于未来，因此他们认为与过去的项目相比，目前项目的回报率会更高，风险更低（Levinthal & March, 1993）。当管理者对项目表现出满意时，员工就会觉得项目很可能取得成功。因此，这时员工感知的不确定性将降到员工的可接受范围内。

（2）当管理者表示满意度很高且项目成功的可能性很高时，员工更有可能实现与项目相关的较高的个人目标。高个人目标是一个强烈的创业动机（Baum et al., 2001）。

（3）为自己设定具有挑战性的目标可以提高员工的动力，或者他们"付出努力的意愿"（Shane et al., 2003: 268），这也是创业行为的一个要求。

6.2.3 消极的情绪表现

消极的情绪指的是"主观痛苦和不愉悦体验的一般维度，包括愤怒、蔑视、厌恶、内疚、恐惧和紧张等各种负面情绪状态"（Watson et al., 1988: 1063）。消极情绪削弱了管理者和员工之间的信任，明显地干扰了他们的关系（Liden & Graen, 1980），从而对他们的关系产生有害的影响。Brundin（2002）研究了激进的组织变革期间的情绪表现，结果表明挫败感、担心、困惑和紧张是人们通常会经历的消极情绪，阻碍了人们完成预期的改变。

"期望中的目标反应（或预测的行为序列）被打断或被阻断时"（Fox & Spector, 1999: 916），人们就会产生挫败感。挫败感的基本情绪是愤怒（Ekman, 1992），其常常导致反作用行为（Fox & Spector, 1999）和不佳表现（McColl-Kennedy & Anderson, 2002）。因此，管理者需要立即消除员工的挫败感（Humphrey, 2002）。当管理者表现出挫败感时，他们是在表示团队未达到当前项目阶段的绩效标准。这时，员工可能会觉得项目的不确定性增加了，而只有具有极高冒险倾向的员工才会继续相信项目的可行性并参与其中。此外，如果团队没有达到项目阶段的既定目标，这些目标可能会被降低，以此抵消高目标对创业行为的动机影响（Baum et al., 2001）。另外，降低目标也减少了员工对项目投入的意愿（Shane et al., 2003）。

担心是一种消极的、情绪化且不可控制的思想和印象链（Borkovec et al., 1983），它是焦虑症的一个普遍特征（Langlois et al., 2000），并且常常导致人们缺少安全感并难以容忍不确定性（Francis & Dugas, 2004）。当人们试图解决不确定是什么结果甚至结果很负面的问题时，担心情绪就会出现（Borkovec et al., 1983）。管理者表现出担心意味着他们认为项目开发具有不确定性，并可能会失败。随着管理者表现出更多的担心，员工对项目的不确定性以及对项目未来的消极期望将会增加。与挫败感相似，高度的不确定性会对创业动机产生不利影响。此外，员工想象中的创业项目的不确定性可能会导致他们为整个项目设定较低的绩效目标，最终减弱他们进行创业活动的动机（Baum et al., 2001）。

困惑来自于理解不足，是一种被他人视为不可接受的模糊经历（Meyerson, 1990）。Meyerson（1990）提出，医院社会工作者经常感到困惑，但他们不会表现出来，因为困惑是能力弱的表现。然而，不那么正式和放松的环境可以构成"安全避难所"，这时人们可以公开表达自己的困惑（Meyerson, 1990）。管理者的困惑表现意味着由于项目的复杂性，管理者无法理解当前项目的挑战。由于员工经常将管理者视为专家，这时他们很可能会觉得自己在理解项目任务时也会遇到困难。因此，员工会认为与项目有关的任务和结果是模糊不清的，从而只有对不确定性具有高度容忍度的员工才会参与项目之中（类似于挫败感）。

压力是管理环境中另一个重要的消极情绪。由于工作要求过高，人们常常会感到压力，具体表现为劳累和疲惫，有时甚至会抑郁（Karasek, 1979; Fineman, 2003）。研究人员发现，持续的压力会给身体带来危害，包括高血压和各种心血管疾病（Schnall et al., 1994）。管理者表现出的压力意味着他们认为目前的项目阶段对自己的要求过高。因此，员工可能认为该项目需要高度努力。只有当员工拥有较高的动力（Shane et al., 2003）以及对不确定性的容忍度时，他们才会继续在项目中保持投入和积极性。

6.2.4　管理者情绪表现的调节作用

Brundin 等（2008）认为，当把员工视为信号接收者时，管理者表现出的积极和消极的情绪会与信心产生相互作用，这就解释了员工的创业动机。例如，管理者向员工发出有关项目的特定信心水平的信号，这个信号向员工表明项目的结果是在他们的集体控制之下（Barbalet, 1996）。如果管理者额外表现出积极情绪，就说明该项目表现良好。人们倾向于用过去的成功来推测未来（Levinthal & March, 1993），所以员工很可能认为该项目的不确定性较低。管理者对企业行为的信心水平对员工创业意愿的影响受项目不确定性感知的影响，管理者额外的满意度会降低员工感知到的不确定性，从而员工创业意愿会更强烈。

相比之下，管理者的消极情绪表现可能会降低信心对员工创业动机的影响。例如，困惑表明管理者无法理解实际项目阶段的复杂性（Meyerson, 1990）。当管理者表现出困惑时，员工可能会认为管理者无法有效解释项目阶段的目标和任务，并因此认为项目更加不确定。同样，当管理者表现出压力时，则表明他们目前的工作职责已经到达自己容忍度的顶点了（Parker & Sprigg, 1999）。员工可能会认为该项目需要更多的努力，而且他们不确定这些努力是否足以实现项目的成功。因此，员工可能会觉得，当管理者表现出消极情绪时是缺乏信心的表现。

有趣的是，与我们的预期相反，我们（Brundin et al., 2008）发现，管理者的挫败感表现促进了管理者信心表现与员工创业动机之间的积极关联。换言之，当管理者发出信号表明目前的目标没有得到满足并且团队成绩不佳时，管理者通过情绪展示对结果的控制与员工创业行为的动机呈正相关关系。因此，当员工从（管理者信号）中看到项目的绩效低于预期时，管理者更需要表现出对该项目可能成功的信心。尽管目前业绩不佳，但这种信心可能会激励员工继续努力，从而改善项目进展并实现成功。一项关于激进的组织变革的研究支持了这一猜测。该研究结果表明，当领导者看起来真的相信项目会成功时，领导者的挫败感会推动变革活动（Brundin, 2002）。在这种情况下，信心很重要，不仅因为它给员工的意愿带来积极的影响，而且因为它给其他积极和消极情绪的表现效果造成了一定的影响。这些结果补充了先前Shea（1999）的研究。该研究证明，相较于信心不足的主管，高度自信的主管对团队成员的影响更强。然而，Shea（1999）并没有考虑信心表现与积极和消极情绪之间的偶然性。正如我们（Brundin et al., 2008）所表明的那样，这些情绪会对下属的动机产生实质性影响。

我们已经介绍了消极情绪在创业环境中的作用，即管理者对消极情绪的表现及其对员工创业动机的影响（Brundin et al., 2008）。然而，消极情绪也可能对创业认知产生更直接和更有力的影响，接下来我们将讨论这一点。

6.3 消极情绪、情感承诺和从经验中学习

一个重要的理论研究探讨了如何更好地理解组织知识。在这篇文献中，组织知识被视为组织成员对公司运营领域中因果关系的假设和期望（Huber, 1991; Walsh & Ungson, 1991）。虽然对组织层面的知识研究有所增加，但这些工作主要集中于转移和获取企业外部的知识（Ahuja, 2000; Hansen, 1999）。相反，学者们很少关注新知识的产生方式（McFadyen & Cannella, 2004）。一个重要的例外是关于个体的人际关系如何创造知识的研究（McFadyen & Cannella, 2004; Yli-Renko et al., 2001）。

然而，尽管有了这些最新研究，我们仍然不了解组织成员如何根据自己的经验创造可操作的新知识。当组织的成员从自己的经验中学习时，就会产生可操作的组织知识（Huy, 1999; Kim, 1993），然后成员会专注于用新获得的知识来帮助组织（Kanter, 1968; Leonard-Barton, 1995）。

研究人员认为，失败经历可以促使个体学习。项目失败是很常见的，尤其对于处在创新型（Burgelman & Valikangas, 2005; Shepherd & Cardon, 2009; Sminia, 2003）和研究型（DiMasi et al., 2003）的公司或组织里的个体。此外，对于处在变化的（(Deeds et al., 2000; McGrath et al., 2006）和复杂的（Gassmann & Reepmeyer, 2005; Iacovou & Dexter, 2005）组织环境中的个体来说，项目失败也是常见的。此处，项目失败指的是旨在为组织创造价值，但未达到预期目标的努力的终结（Shepherd, et al., 2009a）。例如，在我们（Shepherd et al., 2011）的一个采访中，研究科学家将项目失败描述为项目"终止"（化学研究科学家）、"入土"（理论物理学研究科学家），或者到了"死胡同"（生物化学研究科学家）。他们还报告说，项目的终止是他们工作中隐含的一部分。失败"破坏了现状"（Chuang & Baum, 2003），并且导致个体寻求潜在的解决方案（McGrath, 2001; Petrovski, 1985），组织成员通常能够从失败中获得更多的经验，包括科学研究人员（Popper, 1959）、工程师（Petrovski, 1985）和组织领导（Sitkin, 1992）。因此，我们将"从失败中学习"定义为"个体获得并且能够应用知识和技能的意识"（Spreitzer et al., 2005: 538），并在此过程中强调人的主观学习感受（Huy, 1999; Kim, 1993; Weick, 1979），这与意义构建研究相一致。然而，从失败中学习的机会可能有时为组织带来的知识可行性不高，因为个体可能无法有效处理失败所揭示的信息（Weick, 1990; Weick & Sutcliffe, 2007）。此外，失败可能会导致消极情绪，从而消弱个体为组织利益行事的奉献精神。我们和同事（Shepherd et al., 2011）以应对损失的心理学研究（Archer & Freeman, 1999; Stroebe & Schut, 2001; Shepherd, 2003）为基础，探索了个体从失败中学习（作为从过去的失败走出来的先决条件）的经历如何维持他们对组织的情感承诺。这项研究采用了心理学中的损失理论（Archer & Freeman, 1999; Stroebe & Schut, 2001），并且理论化了一个模型，解释了组织内个体在项目失败后如何继续前进。

如果要在项目失败之后继续前进，人们需要将项目视为探索已有假设的手段，将项目失败视为测试这些假设的反馈，并根据反馈对后续项目做出决策（McGrath, 1999）。这些行动要求人们从以前的项目失败中学习，并愿意调整自己的信念以实现组织目标。具体而言，我们探讨个体如何将项目失败视为反馈来进行处理，以促进对失败项目的学习。这一过程受到项目失败后的时间长度、个体的应对方向，以及组织正常化失败的程度的影响。我们还研究了项目失败导致的消极情绪如何影响个体对达成组织目标的情感承诺，个体如何度过失败后的时间，个体感知到的组织失败正常化如何直接影响消极情绪，以及个体的应对导向（即损失导向、恢复导向和摆动导向）如何影响项目失败后的时间与失败事件引发的消极情绪之间的关联。

6.3.1 创业项目失败与消极情绪

组织中的员工往往感觉自己对项目有心理所有权（Pierce et al., 2001），因此他们相信在投入大量努力、时间和精力后，他们能够控制并深入了解项目。由于这些心理所有权的感受的存在，个体的自我认同往往与项目或项目团队交织在一起。在项目失败后重新分配资源时，团队可能会解散或被分配了其他项目，从而导致密切关系的丧失。在这种情况下，个体自我认同的一部分可能会丧失，从而可能导致个体功能失调（Pierce et al., 2001）。

一些员工描述了项目失败带来的实质性的消极情绪。这些人将项目失败看作职业生涯的低谷（Eggen & Witte, 2006）。他们从中经历了痛苦的失望（Cunningham, 2004），并且感到情绪受到极大的伤害（Dillon, 1998）。此外，研究团队的成员说，在项目失败后，人们会感到多种情绪，包括拒绝、愤怒、痛苦、悲痛、沮丧、担心、焦虑、烦恼、挫败感和抑郁等（Dillon, 1998; Murray & Cox, 1989）。在一个与同事共同开展的研究中（Shepherd et al., 2011），我们采访了一些研究科学家，结果也揭示了项目失败导致的一些消极情绪。例如，当被问及最近项目失败后的感受时，接受采访的科学家表示："看到自己和团队无法成功完成（项目），这非常令人失望"（经济学家）；"我们为这个项目付出了巨大的努力，很难接受它是毫无价值的事实"（经济学家）；"我非常沮丧"（化学家）；"很痛苦……我觉得我们所有人都很沮丧"（生物化学家）；"当项目失败时，你开始思考你的工作是否有意义……你越来越怀疑工作的意义"（机械工程师）；"这真令人沮丧，我非常愤怒……例如，为了减少愤怒，每当我收到项目团队成员的电子邮件时，我要推迟一天才能读。每天睡觉前也充满挫败感"（理论物理学家）。

但是，是不是每个项目失败都会带来过度消极的情绪？项目失败产生的消极情绪水平是否有变化？为了解决这些问题，我们运用自我决定理论来理解人们如何因项目失败而产生消极情绪，因为自我决定理论：①以个体的心理健康为中心，与情绪相关性大；②侧重于基于个体情境的重要性标准；③已经在组织背景中详细探讨过了。在这种情况下，心理健康是个体经历自我接纳，与他人的积极关系、控制、自主、个人成长和生活目的建立积极关系的程度（Ryff, 1989）。

自我决定理论的目标是解释实现最佳心理功能和健康的心理过程（Ryan & Deci, 2000; Deci & Ryan, 2000: 262）。个体的环境提供的营养素要满足三个与心理健康相关的需求：能力需求、相关性需求和自主性需求。当这些需求得不到满足时，人们的心理健康水平会下降。对于项目团队成员和参与了不同项目的团队成员来说，这些需求的满足是不同的（Sheldon, et al., 1996）。总体而言，在开展能够满足自己心理需求的项目时，人们会有动力争取高绩效。这些表现欲背后的动机反映了人们的内在动机，因为它要求人们积极参与自己认为有趣且有助于自己成长的任务（Deci & Ryan, 2000）。

满足人们需求的项目可以给他们带来更高的内在动机，但如果项目失败，它们也可能带来大量的消极情绪。基于项目满足这些心理需求的程度而产生的项目显著性的想法，与关于通过人们的心理所有权和工作投入而进行承诺的学术研究的观点是一致的。具体而言，当个体认为某个特定项目属于自己时，就会对项目产生心理所有权。这时，尽管个体对该项目没有合法权利，但他与其项目之间的身份联系已经出现了，还形成了与占有和所有权相关的意义和情绪（Pierce et al., 2001）。此外，个人工作投入描述了人们自己对工作角色的贡献程度（Kahn, 1990），以及"个体偏爱的自我同时被运用和表现在了任务行为中，从而可以促进个体与工作、他人、自身表现以及积极完整的角色之间的联系"（Kahn, 1990: 700）。心理所有权的主要因素包括自主性和相关性，人们参与的主要因素包括相关性和能力。Kahn（1990）认为，相关性和能力两个元素是有意义的。当参与某种活动时，如果个体感觉自己是有用的、值得的且有价值的，这两个元素就会出现。当项目满足人们对自主性、相关性和能力的需求时，人们就会对这些项目产生心理所有权，并在很大程度上将亲自参与项目。因此，在一个项目中，更高的心理所有权和个人参与会在失败的情况下导致更强烈的消极情绪反应。

6.3.2 项目失败、能力需求和消极情绪

项目对个体的重要性一部分取决于项目满足其能力需求的程度。一旦项目停止，这种需求就没有得到满足，即被中断。当个体收到反馈意见，表明他在某项任务中表现良好时，他对能力的心理需求就会得到满足。而当反馈表明其表现不佳时，这种需求就会被中断（Deci & Ryan, 2000）。有关动机的研究文献提供了大量的证据，它们将满足能力需求的任务和个体完成任务的动机联系在了一起（Vallerand & Reid, 1984）。

项目有助于满足员工对能力的需求。首先，项目通常可以改善个体的学习（Dweck, 1986），并为个体带来掌控感（Butler, 1992）。这些感受也证明了能力的产生（Rawsthorne & Elliot, 1999）。此外，特定项目团队的文化可能有助于满足能力需求，因为项目团队内部或跨项目团队的生产性竞争环境可以确认员工的能力

(Tjosvold et al., 2003）。此外，团体成员的身份可以满足能力需求，也就是说，团队本身可以对其能力形成信心（Gist, 1987; Lindsley et al., 1995）。团队成员会重视这种能力，而且这种能力还可以促进他们的自我认同（Tajfel & Turner, 1979, 1986）。

因此，当发生以下情况时，员工的心理健康水平会下降：①失去了一个项目，而他们认为通过这个项目，他们可以学习有价值的技能，同时他们认为这个项目具有高水平任务相关能力；②在维持生产性竞争的团队中失去一种文化，而被具有腐蚀性竞争力的文化所取代，而且后者的成员不支持他们的努力和行为；③不再是能力型团队的成员，并被分配到一个能力较低的团队。此外，个体通常认为这种转变会让他们失去核心身份，从而降低对自己能力的信心和自我价值感（Steele, 1988）。如果个体因为项目失败而失去这些重要元素，且该项目不会完全被下一个项目所取代，这时，个体的能力需求会被中断，从而会有消极情绪产生。在满足人们对能力的需求方面，不同的项目有不同的效果，同时需求的受挫程度也不同。

6.3.3 项目失败、自主性需求和消极情绪

项目的重要性也会受到其满足个体的自主心理需求的影响。工作中的自主权是个人控制的一种形式，其使员工能够自主选择工作的时间、地点和方式（Thompson & Prottas, 2006）。与能力需求一样，项目为相关人员提供自主权的程度各不相同。一般来说，相比于外部力量控制的环境，人们认为他们自己能控制的环境更有意义。领导者可以通过授权为员工提供自主权（Logan & Ganster, 2007; Lok et al., 2005）、形式层次低的结构（O'Driscoll et al., 2006）、重要决策的参与以及广泛的自我管理机会（Liden & Tewksbury, 1995）。自主权还可以通过组织过程和结构得到支持，这些过程和结构鼓励员工在团队里共享信息、独立活动和决策（Blanchard, Carlos & Randolph, 1995）。研究人员证明，为人们提供更多自主权的环境可以提高人们的幸福感（Deci et al., 1989），提高工作满意度（Parasuraman & Alutto, 1984），并降低其压力水平（Purasuraman & Alutto, 1984; Thompson & Prottas, 2006）。然而，激励和评估可能会削弱自主权，还会降低创造性成果（Amabile, 1997），而创造性成果可以为自然界复杂的问题找到解决方案（McGraw & McCullers, 1979），并深入和概念化地处理信息（Deci & Ryan, 2000）。

在项目失败的情况下，满足项目团队成员自主性需求的流程、结构和管理系统可能会有所不同。例如，当管理层终止一个项目时，员工可能将该项目的终止视为对其控制感的威胁（Dirks et al., 1996），尤其是当个体已经对项目有了心理所有权或认同感（Pierce et al., 2001）。他们可能会感到失落、沮丧和压力（Pierce et al., 2001）。因此，项目失败会阻碍自主性需求的实现，从而为项目成员带来消极情绪反应。由于

项目满足自主性需求的程度不同，项目失败后这种需求受挫的程度也会有所不同。

6.3.4 项目失败、相关性需求和消极情绪

项目满足相关性需求的程度也会影响项目的重要性。相关性意味着感觉与其他人有联系，并且被他人所理解（Patrick et al., 2007）。例如，有证据表明，当环境表现出安全的相关性时，人们的动机会增强（Ryan & La Guardia, 2000; Ryan et al., 1994）。事实上，研究也发现人们需要感受与其他人的联系，并以满足这种需求的方式行事。此外，当与团队成员的相关性增强时，人们会产生积极情绪（McAdams & Bryant, 1987; McAdams, 1985），而当人们认为与其他成员的关联性减弱时，他们会感受到消极情绪（Leary, 1990）。这些消极情绪可能包括焦虑（Tice Baumeister & Baumeister, 1990; Craighead et al., 1979）和孤独（Russell et al., 1984）。如果人们感到与团体之间的相关性很低，他们的身心健康也会受到消极影响（De Longis et al., 1988）。

创业项目经常为组织成员提供满足其相关性需求的机会，具体方式有：得到主管或同事的支持（Caverley et al., 2007; Thompson & Prottas, 2006），对组织团队有认同感（Richter et al., 2006），或对组织本身的认同（Ashforth, 2001; Barker & Tompkins, 1994）。与其他需求一样，相关性需求可能因项目失败而受阻。例如，它可能意味着失去与某个有价值的同事之间的联系（参见 Vince & Broussine, 1996）。事实上，项目失败导致的损失和其他变化可能会影响员工对他人的依赖。在过去，这种依赖为员工提供了在工作中体验关联感的基础（Vince & Broussine, 1996），从而提升了他们的心理健康水平。如果员工所在团队的成员和管理者一直不支持项目，那么这些员工的心理健康水平就会下降（Gilbreath & Benson, 2004）。

如果团队因创业项目的失败被解散且重新部署，这时个体的身份会受到危害，心理健康水平也会下降。如果个体认为团队是自我的延伸，那么这种身份威胁的范围会尤其广泛（Belk, 1988）。项目失败后，对个体社会认同的威胁会阻碍其满足相关性需求，并带来消极的情绪反应（Aquino & Douglas, 2003; De Longis et al., 1988）。正如其他需求一样，相关性需求的满足程度因项目而异，因此，项目失败对相关性需求的影响程度也不同。

6.3.5 消极情绪与从项目失败中学习

研究发现消极情绪会阻碍人们的信息处理过程（Mogg et al., 1990; Wells & Matthews, 1994），而这一过程是学习所必需的。我们承认消极情绪可以有助于学习，例如，消极情绪表明某件重要的事情正处于风险中或已经失败了（Luce et al.,

1997）。因此，人们可能会将注意力集中在造成损失的原因上（Clore, 1992; Pieters & Raaij, 1988），这种注意力有助于人们接收和处理有关损失原因的信息（Cacioppo et al., 1999; Weick, 1979），以及产生做出改变的动机（Lazarus, 1993）。然而，在其他情况下，消极情绪也会限制个体对信息的接收（Gladstein & Reilly, 1985; Staw et al., 1981; Sutton & D'Aunno, 1989），并干扰他们处理已有信息（Mathews et al., 1990），从而影响了他们的学习。此外，消极情绪还会将个体对稀缺信息的处理能力从事件本身转移到对事件的情绪反应（Nolen-Hoeksema & Morrow, 1991）。总的来说，任何来自消极情绪的学习优势通常都会被其劣势掩盖，对高度复杂的任务而言尤其如此（Huber, 1985）。

当员工将项目的实际表现与特定项目任务的初始计划进行比较以提高自己对绩效差距和失败原因的理解时，创业项目失败的有效学习就开始了（McGrath, 1999: 23）。想要经常学习，人们需要重复先前在自己或其他组织中成功使用的策略、例程或实践，例如，间接学习（Kim & Miner, 2007）。人们也可以从对失败的研究中学习，因为失败驱使人们寻找新的模型、活动或例程（Kim & Miner, 2007）。当人们能够在创业项目失败后有效学习时，他们可以向组织提供有关项目假设的信息（如产品赞成度、战略方向等），以改进未来的决策制定（McGrath, 1999）。因此，从项目失败中学习需要人们理解失败的原因，评估导致失败项目的核心假设以确定它们是否值得保留，并改变导致失败的策略、过程和程序。虽然创业项目失败可以为组织学习创造有用的机会（Corbett et al., 2007; McGrath, 1999; Sitkin, 1992），但当这种失败与情绪挑战相关时，组织成员可能会回避它们，从而影响了学习（McGrath, 1999; Shepherd, 2003; Shepherd et al., 2009a, b; Shepherd et al., 2013）。

我们认为人们在项目失败中经历的消极情绪有差异，团队中每个人的情绪水平也有差异。同样，人们对消极情绪的反应也有所不同。接下来的问题是，在项目失败后，为什么有些人更善于克服干扰学习的消极情绪？我们认为自我管理（特别是自我同情）调节了项目失败引发的消极情绪与个体学习效益之间的联系。基于社会心理学和有关失败研究的文献，我们探讨了自我同情的不同方面如何帮助员工从项目失败中学习。

消极情绪会削弱人们对过去信息的回忆，并可能导致人们与工作内外环境中的其他人之间的脱节，同时人们会避免和他人建立密切关系（Hogan et al., 2001）。尤其明显的一点是，创业项目失败导致的消极情绪会影响个体对组织的情感承诺。情感承诺，即个体对组织的认同和参与（O'Reilly & Chatman, 1986），代表了他们"为组织贡献能量和忠诚"的动机（Kanter, 1968: 499）。研究表明，员工的情感承诺可以在个体层面上（Sinclair et al., 2005; Vandenberghe et al., 2004）和组织层面上（Gong et al., 2009）帮助员工实现更好的业绩。因此，员工通常将项目失败看作对其工作努力的一种负面反馈。这种消极情绪的经历调解了个体接收的负面反馈和他们管理个人目标的方式的关系（Ilies & Judge, 2005），即在项目失败后，个体和组织的目标一致性水平相较失败前都有所下降。然而，随着时间的推移，个体对失败项目的情感逐渐瓦解，他们对与失败事件相关的项目或事件的思考带来的消极情绪也会减少。这时候，新的项目和社会关系变得重要，他们也开始努力满足先前受挫的心理需求，从而恢复对组织的情感承诺。

6.4 通过正常化进行智慧失败管理

在失败后果极其有害的环境中，将复杂任务分解为更小的子任务可以使个体实现一系列小小的胜利。这些胜利会推动个体的建设性行为（Weick, 1984），带来与任务有关的自我效能感，对更加困难的任务表现产生积极影响（Bandura, 1991）。"小胜"的一个潜在缺陷是，由于"小"，人们可能无法对目前的任务给予足够的关注，这导致他们很少搜索相关信息（Sitkin, 1992）。"智慧失败"是一种不同的策略，它能够认识到失败的优点，基于以下条件："①它们（所承担的项目）是由精心策划的行为产生的；②结果不确定；③规模适中；④快速被执行和回应；⑤发生在熟悉的领域，从而允许人们有效学习"（Sitkin, 1992: 243）。为了提高兴趣，人们必须在没有消极情绪的情况下失败，这种消极情绪会在组织环境正常化的员工失败时发生。

正常化是指在制度化的过程中，特殊的事件（这里指失败）变得平常。具体而言，有威胁性的、不常见的、后果严重的或具有个人意义的刺激可能引发深层情绪，正常化过程使这些刺激变得不那么重要，也不那么有刺激性，从而使它们更普通（Ashforth & Kreiner, 2002: 217）。一般来说，正常化源于习惯化或脱敏过程。习惯化可以通过与他人互动而触发，是一个社会过程（Ashforth & Kreiner, 2002），是指人们受到同样的刺激，最终导致人们的反应越来越弱。脱敏包含使人们一直暴露在越来越不愉快的刺激之中。通过脱敏过程，预期刺激和实际刺激之间的差异减小，从而降低了人们的情绪水平（St Onge, 1995）。例如，在一些意义层级逐渐升高的创业失败中，预期失败与实际失败之间的差异变小，因此，最开始的失败会导致更多的消极情绪，而最近的失败带来的消极情绪则相对较少。

正常化也可以促进个体坚持自己最初不喜欢的任务。例如，一名医务兵讲述了他如何学会处理面对尸体时的厌恶以继续执行任务的故事。他说："过了一段时间，我已经习惯了。每次都会更容易一些，也不是什么大不了的事情。"（Reed, 1989: 48）当项目失败被正常化时，组织成员更可能坚持创业努力。换言之，由于失败不再引发消极情绪，在面临未来的失败时，员工放弃尝试的可能性会变小。Farson 和 Keyes（2002）将智慧失败原则应用到创新管理中，并提出了"能够容忍失败的领导者"的概念。这位领导者"通过自己的言行来帮助人们克服对失败的恐惧，并在这样的过程中创造一种明智的冒险文化，引导持续的创新"（Farson & Keyes, 2002）。失败的正常化会减少人们对失败的恐惧。例如，一个能够容忍失败的领导者处理"创新过程中有效或无效的步骤时，会很少发表评价，而是更多地去解释。他们不会表扬或惩罚员工，而是分析过程"（Farson & Keyes, 2002）。唐纳德·舒拉（Donald Shula）是美国职业橄榄球大联盟的传奇教练。他说："最好的教练在一步一步中取得胜利或失败。我没有被失败所消耗，也没有被成功所淹没。"（Farson & Keyes, 2002）

无论失败的正常化是随时间发生的，还是由企业有意协调的，智慧失败方法都取决于摆脱从失败中获得新知识的障碍。但是，这样做可能颇具挑战性。Farson 和 Keyes（2002）提出，"当公司开始接受失败的价值时，无论是在公司政策层面，还是在流程和实践方面，它们都与个体层面的接受完全不同。每个人都讨厌失败"。在下一节中，我们将讨论使用智慧失败方法及失败正常化的相关挑战。

上述关于正常化创业项目失败以消除悲痛的讨论忽略了两个重要的结果。

（1）虽然正常化有利于减少消极情绪反应，减少对学习的阻碍，也减少了情绪事件之后对表现的负面影响，但它也减少了这种消极情绪可能带来的与学习相关的优势。通过将失败引发的强烈消极情绪转变为中性（甚至有点积极的）情绪，智慧失败策略也可能有相同的局限性。Sitkin（1992）指出，Weick（1984）提出的"小胜"方法也具有同样的局限性。情绪中立可能降低人们的注意力水平并减少人们对信息的搜索，因为与情绪中立的事件相比，个体会优先处理产生更多情绪的事件（Ellis et al., 1971）。此外，相比于积极情绪事件，消极情绪事件往往带来更高水平的注意力和信息处理能力（Wood et al., 1990）。消极情绪强调事件的重要性，从而引导人们注意导致负面事件的行为、信念和事件以发现重要信息（Weick, 1979），并鼓励人们学会适应（Lazarus, 1993）。同样，如上所述，当个体认为自己失去了一些重要的东西时，就会感到悲痛（Luce et al., 1997）。因此，表示失败发生的信号可以鼓励人们进行改变，并提高他们对失败的处理能力（Schwarz & Clore, 1988），因为这些信号可以将人们的注意力引导到事件的环境中（Pieters & Raaij, 1987），或者引导到从失败中学习的成果上（Cacioppo et al., 1999）。

（2）消除项目失败带来的消极情绪也可能削弱人们对后续启动和推进新项目的贡献。换言之，悲痛是一种心理反应，当个体失去对自己身心健康有重要意义的事物时，他们就会感到悲痛。因此，消除消极情绪需要降低项目对个体情绪的重要性。然而，这种降低的重要性增加了项目失败的可能性。项目和团队成员的创造力下降

（Amabile, 1997；Amabile & Fisher, 2000）以及领导者（Song & Parry, 1997）和员工（Amabile & Fisher, 2000）的贡献减少都可能导致创业项目的表现下降。

为了说明这些观点，我们来设想一位重病患者的医生，这与组织成员及其创业项目大致类似。如果医生对病人的死亡变得不敏感，他将面临人格解体的情况。当人格解体发生时，医生与患者及其家属的人际交往就变得不那么敏感，而是更消极，并且可能高度分离，最终导致对患者的护理不够有效（Peeters & Le Blanc, 2001）。与面临大量患者死亡的医生类似，经历过无数失败的员工最终可能会对项目失败不再敏感，并且可能会减少对后续项目的投入。

在下一节中，我们提出了一种方法来调节（而非通过失败正常化）由项目失败引发的悲痛。然后，我们用这种方法描述了可能促进优质学习和承诺结果的组织条件。

6.5 应对导向和项目失败

研究人员认为，有两种方法可以帮助个体应对损失导致的情绪——损失导向和恢复导向，还有第三种方法——在损失和恢复之间的摆动导向（Shepherd, 2003; Stroebe & Schut, 2001）[⊖]。我们现在讨论这些导向如何影响从项目失败中学习，以及在上一次创业项目未能处理失败导致的消极情绪时，这些导向对员工时间利用的方式有何影响。

当个体处于损失导向中时，他们直面损失并处理相关的事情，以解除与损失对象的情感关联（Stroebe & Schut, 2001）。人们专注于失败之前发生的事情，以便形成对失败事件的合理解释。如果员工将失败时的项目绩效与最初计划中的预期绩效进行比较，那么考虑创业项目失败的过程和原因可以为建设性学习提供机会（Corbett et al., 2007; McGrath, 1999; Sitkin, 1992）。对失败的消极情绪反应表明失去的项目有多重要，它将注意力集中在寻找和评估失败相关信息上（Clore, 1992; Ellis & Chase, 1971; Schwarz & Clore, 1988）。这些扫描和比较活动为员工提供了有关失败及其先前事件的信息。然后，员工可以运用这些信息来更新对项目失败原因的想法，以及在后续项目中如何避免失败的再次发生。此外，探索为什么创业项目没有按计划结束可以激励人们考虑可行的不同活动和策略（Kim & Miner, 2007）。最后，如果员工检测了导致失败且必须在后续项目中改变的项目例程或流程，他们就可能会认识到他们普遍需要更多灵活性和改变。随后，他们会制订新的计划，以便根据后续项目的需要改

[⊖] 这些导向是相互独立的，因此个体可以专注于一个导向，而不关注另一个，或者在两个导向上侧重不同。此外，偏向某一个导向的人在选择摆动导向时，侧重点可能有所改变。接下来的分析表明了这些导向的独立性。

变日常工作、策略、程序或行动（Eisenhardt & Martin, 2000）。

当员工专注于失败并为失败事件找到理由时，损失就具有了新的含义，并且组织成员最终可以消除他们对失败的创业项目的情感依赖。这种新的似是而非的理由触发了个体的观点与行为环境相适应（Archer & Freeman, 1999），使他们能够控制并消除失败带来的消极情绪（Gross, 1998）。具有高损失导向的员工会立即开始处理悲痛情绪，并开始形成对项目失败更全面的理解。例如，在我们（Shepherd et al., 2011）的研究中，一位航空航天工程科学家讲述了以下内容，"（失败后）我回顾了一下……当然，我们有必要进行理性分析。"然而，弥补损失非常消耗精力。时间久了，人们不再经常思考失败前的事件，而更多地思考特定事件本身以及由此产生的情绪，这可能最终导致额外的消极情绪（Bonanno, 2004）。例如，工程师继续说道："我经常问自己'这是对的吗'等问题……然后我就会在没有得出具体结论的时候感到苦恼……（然后）只产生了熵（系统内的紊乱）。"正如这个例子所显示的，长时间强烈的损失导向可能让人们反刍。这反而会导致消极想法、情绪和行为的恶性循环（Nolen-Hoeksema, 1991）。此外，当处理悲痛需要反事实思考时，个人可能会感到失望、遗憾或焦虑，因为失去了总体上避免失败的机会（参见 Baron, 2000, 2004; Roese, 1997）。反刍引发的情绪可能会加剧失落感。因此，虽然消极情绪在早期下降，但在创业项目失败后，损失导向似乎最终会导致更多的消极情绪。

当个体处于恢复导向时，他们会抑制失落感，并主动关注与损失有关的次要压力源（Stroebe & Schut, 2001）。正如定义所表明的，恢复导向有两个维度：回避（主要压力源，即失败的项目）和主动（针对与失败有关的次级压力源）。这些维度都不能帮助个体从项目失败中学习，但都能帮助他们"保持封闭"或减少消极情绪。避免消极情绪需要人们分散注意力，将注意力从失败项目和先前事件中分离出来。例如，员工可能会专注于处理其他压力因素，如"项目失败后我的组织角色是什么"以及"我如何能够与新项目团队有效合作"。虽然处理次级压力因素会将员工的注意力从失败中转移到继续工作上，但它只提供了很少的学习机会，因为它没有提供关于失败的更合理的解释，从而不能提供对新项目所需的变化和适应性的观点。

因此，恢复导向强度与从失败创业项目中学习之间的关联可能性很低。然而，随着恢复导向的加强，个体对失去重要东西的消极情绪反应可能会减弱（参见 Shepherd et al., 2011），即通过积极回避与失败有关的想法，员工不会有意识地承认失败，因此不会引发消极情绪反应（或者反应被最小化）。事实上，在个体关注与非项目相关的任务时，会用他人的思想和情绪取代自己对失败的想法和情绪。例如，这些替代想法可能包括在工作中引发积极情绪的其他成就。此外，主动处理次级压力源意味着当这些压力源被移除（或减少）时，原始损失不再是令人不安的，因此也不会造成显著的、强烈的消极反应。处理次级压力可能会带来积极情绪（Ganster, 2005）。反过来，这些积极情绪可以帮助"消除"创业项目失败导致的消极情绪（Fredrickson, 2001）。

然而，抑制情绪通常非常消耗人们的精力（Archer & Freeman, 1999）。因此，抑制可能会导致消极的心理（Prigerson et al., 1997）和生理的（Gross, 1998）问题。另外，长时间抑制情绪往往是具有挑战性的，消极情绪最终可能会出现（Holahan & Moos, 1987; Repetti, 1992）。因此，这会引发更多的困难和问题（Menaghan, 1982），从而恶化整个失败经历。与损失导向一样，在创业项目失败后短时间内，随着恢复导向的增加，个体消极情绪会减轻。然而，如果这种导向持续的时间较长，人们就会产生消极情绪，这就抵消了恢复导向的好处。

最后，当个体处于摆动导向中时，他们在损失导向和恢复导向之间来回摆动（Shepherd, 2003; Shepherd et al., 2011; Stroebe & Schut, 2001），发挥两者的优点，同时减少长时间采用一个导向所引发的问题。最初经历失败带来的消极情绪激活了自主神经系统，将人们的注意力集中在造成失败的原因上（Fineman, 1996; Hirshleifer, 1993; Weick, 1990）。在经历悲痛时，个体会开始反思创业项目的失败，并引发额外的消极情绪。因此，消极情绪越来越严重，最终可能会缩小他们的注意力范围（Derryberry & Tucker, 1994; Staw et al., 1981），阻碍对现有信息的处理（Lyubomirsky & Nolen-Hoeksema, 1995; Weick, 1990）。换言之，长时间的损失导向引发的消极情绪会不断增加，缩小人们的注意力范围，削弱他们的信息处理能力并减少他们的控制感（Carver et al., 1989; Lyubomirsky & Nolen-Hoeksema, 1995），这些都不利于有效学习。

在损失导向之后改变为恢复导向可以将人们的注意力重新集中在失败事件以外的其他活动上，包括处理次要压力源，从而可以阻止人们陷入反刍状态。在个体成功地减少自己的消极情绪并提高处理信息能力之后（Fredrickson, 2001），具有强烈的摆动导向的人可以恢复到损失导向，以进一步理解失败事件。因此，这时候员工更侧重于损失导向。随着对失败事件的评估与愈合时期交织在一起，员工集中精力解决次要压力问题，这时他们更有可能从创业项目失败中学到更多东西。此外，摆动导向较弱的员工可能会在某个方向停留太久。这种情况下，个体会因思考消极情绪（损失导向）而不知所措，或者无法充分形成对失败事件（恢复导向）的可信解释。

此外，通过利用两种导向的优势来处理这些消极情绪，摆动方向也可以提高个体减少项目失败引发消极情绪的能力，从而降低停留在某一方向太久而带来的成本。损失导向有助于个体对创业项目失败形成更合理的解释，它可能会给损失赋予意义来减少消极感受（Archer & Freeman, 1999）。如上所述，长时间处于损失导向会激活各种各样的消极情绪，使个体回忆关于自己及其环境的消极想法（Lyubomirsky &

Nolen-Hoeksema, 1995; Nolen-Hoeksema, 1991）。这些消极想法会导致消极情绪螺旋式升级。当反思失败事件会引发消极情绪时，具有强烈摆动导向的员工会进行恢复导向，主动处理次级压力源，从而减少项目失败的情绪意义。在此期间，个体有机会恢复情绪，并切换回损失导向（不会立即反思消极的想法和情绪），从而进一步减弱个体与失败项目的情感联系。因此，摆动导向可以减少创业项目失败造成的消极情绪体验。然而，有限的摆动导向只是勉强有效，因为员工可能会长期处于某一导向。

6.6　悲伤、应对自我效能感和后续创业项目

研究人员运用社会认知理论（Bandura, 1986）来更深入地了解人的功能，特别是个体应对创伤的自我调节（Benight et al., 1999）。与失败类似，创伤包含导致消极情绪反应的事件，而该事件可能阻碍人们的正常功能（Janoff-Bulman, 1992）。应对创伤需要人们的思考和行动来处理特定压力环境下的内部和环境需求（Lazarus & Folkman, 1984a, b）。启动应对过程"是为了回应个体对重要目标受到损害、丧失或威胁而产生的强烈消极情绪的评估。"（Folkman & Moskowitz, 2004: 747）。当创业项目代表了损失时，它会让员工内心产生强烈的悲伤。因此，要从项目失败带来的消极情绪中恢复，需要利用员工的思考和行动。

社会认知理论的核心内容是"人们往往会避免他们认为超出应对能力的活动和环境，倾向于去面对自认为能够管理的挑战性活动和社会环境"（Wood & Bandura, 1989: 365）。这种对个人能力的判断与自我效能感有关。具体而言，自我效能感意味着"相信自己能够利用动机、认知资源和行动过程以满足特定的情境需求"（Wood & Bandura, 1989）。许多学者认为自我效能感与特定任务相关（Bandura, 1997）。在创业的特定背景下，自我效能被定义为"个体认为自己能够执行与新企业管理相关的任务的程度"（Forbes, 2005: 628）。在企业创业的具体案例中，应对自我效能感"是指相信人们有能力动员动机、认知资源和行动过程以从组织创业活动中的重大挫折中恢复过来"（Shepherd et al., 2009a: 593）。

自我效能感低的个体认为，对于环境中的有害因素，他们的应对能力还相去甚远。如果个体认为自己没有应对能力，那么威胁的严重程度会加剧，且其他危险带来的焦虑程度会增强。另外一些低应对自我效能感的人认为自己无法清除侵入性思维（Bandura, 1997; Lazarus & Folkman, 1984a, b）。高应对自我效能感的人认为，他们可以避免认知过度，控制侵入性思维并积极地塑造环境以减少威胁（Bandura et al., 1985）。例如，Benight 等（1999）指出，在"飓风欧泊"过后的幸存者中没有受到创伤后持续困扰的人，这表明可感知的应对自我效能感有重要的调节作用。

除了帮助个体应对创伤外，自我效能感也能调节经历重大损失和从悲伤中恢复之间的关系。例如，Benight等（2001）对102名丈夫在前一年死亡的寡妇进行了一项研究，结果发现有着高应对自我效能感的人经历的痛苦较少，而且拥有较高水平生理健康状况（Benight et al., 2001）。从悲伤中恢复能使个体继续他们的生活并致力于新的行动方案（Fisher, 2001），正如Benight和Bandura（2004: 1133）所指出的那样，"强大的应对自我效能感意味着对潜在威胁的良性评估、较弱的压力反应、较少的反刍、关于威胁的更好的行为管理，以及更快地从悲伤中恢复到健康状态"。因此，在解释人们对压力的反应、应对恶劣环境的策略（Bandura, 1997）以及遇到挑战的持久性时（Bandura, 1986），应对自我效能感发挥了重要作用。

我们（Shepherd et al., 2011）认为，对于失去亲人和自然灾害而引发的创伤，人们的应对自我效能感是不同的，这解释了组织成员在管理创业项目失败时的效果差异。

个体在工作中的思维、感受和行为直接受其所面临的公司内部背景的影响（Brief & Weiss, 2002）。研究丧亲的学者举出了许多例子，一些公司通过创建仪式和特定支持团体来帮助丧亲的员工管理他们的悲痛（Archer & Freeman, 1999）。通过这些仪式和支持团体，公司为员工提供了认识其他丧亲者的机会。通过与那些有过类似悲痛经历的人交流，员工可以模仿其应对行为，提高应对自我效能感。

为了帮助个体调节自己的情绪，支持团体在很多情况下都会被使用，尤其是在失去家庭成员的情况下。超过50%的美国临终关怀提供组织会提供支持团体，帮助人们在失去亲人之后缓和悲伤（Foliart et al., 2001）。Balk等（1993: 432）提出，支持团体的典型目标如下：

社会支援团体的会议目标是帮助人们应对悲伤，通过教育以及开放小组之间的沟通渠道来解决与适应性任务和应对生活危机技能相关的困难。

自助团体也称为同辈群体或互助团体，其成本低廉，同时参与者认为这些团体提供高度安全的环境（Caserta & Lund, 1996），因此自助团体是最常用的社会支持团体。在实践中，自助团体通常由一位同行所领导，他们曾经经历过重大损失并能成功应对。在自助环境中，领导者不是辅导员类型的治疗师，而会组织和促进自助团体内的流程（Caserta & Lund, 1996）。例如，自助团体为成员提供情绪支持，并鼓励信息共享的积极环境，因此成员能够更有效地克服悲伤（参见Hopmeyer & Werk, 1994）。支持团体是社会支持机制的一个例子，企业可以用支持团体来帮助失败的员工提高应对能力和（重新）建立承担未来任务所需的信心（Caserta & Lund, 1993）。

组织通常有支持团队来帮助员工处理工作场所以外影响工作的问题，如离婚或亲人死亡（Kahnweiler & Riordan, 1998）。有时，组织还提供支持团队来帮助成员应对组织内发生的创伤性事件，如大规模公司变革和裁员（Esty, 1987）。组织成员可以与同事形成非正式关系，进而获得社会支持（Riordan & Griffeth, 1995）。Peeters 和 Le Blanc（2001）研究了荷兰的 816 名医疗保健提供者，结果显示，获得同事支持的提供者可以更好地应对他们工作中的情绪挑战，从而不会对患者产生不敏感、漠不关心或疏远的情况，即他们不必依赖丧失人性。因此，应对自我效能感代表了个体对自身应对能力的信念，而组织的社会交换机制可以为员工提供相互支持的机会，因此，这对提高他们的应对自我效能感很重要。换言之，社会支持可以成为一种促进因素，"支持者塑造应对态度和技能，为参与有益活动提供动力，并通过坚持不懈的努力来克服困难，从而激励其他人"（Benight & Bandura, 2004: 1134）。作为促进者，社会支持可以提高个体的自我效能感。Benight 和 Bandura（2004）回顾了多种情况和样本的调节研究，结果显示，只有当社会支持能够提高个体应对环境带来的自我效能感时，社会支持才是有利的。如果社会支持有助于员工发展自我效能感以克服创业项目失败导致的悲伤，那么这种支持也能帮助成员从失败中吸取教训，并保持对后期项目的动力。

组织还创建和使用仪式来帮助组织成员为彼此提供社会支持。仪式是"文化规定的管理焦虑和表达共同特征的标准化的、详细的技术和行为"（Trice & Beyer, 1993: 80）。例如，从葬礼仪式中获得的好处可以不限于亲密家庭成员或朋友的死亡，而同样适用于失去组织环境中重要事务的情况。Harris 和 Sutton（1986）调查了 6 个濒临倒闭的组织中的 11 个派对、野餐和晚餐活动，并用理论分析了（前）雇员在企业倒闭之后的告别仪式。他们认为，告别仪式的目的是为工人提供情感上的支持，并帮助他们学习。当公司倒闭时，（前）员工倾向于为损失而悲伤，但他们也可能从告别仪式所提供的情感支持中受益。这些仪式可以提高人们的应对自我效能，因此对人们尤其有帮助。

组织可以利用类似的流程来处理与创业项目失败相关的情感挑战。换言之，他们可以在项目失败时提供某种形式的葬礼或告别仪式。事实上，许多组织已经制定了帮助其成员应对失败的仪式（参见 McCune, 1997）。例如，亨氏集团的子公司 Ore-Ida 在发生项目失败时发射了庆祝大炮（Peter & Waterman, 1982）。同样，礼来公司主办了"完美失败"的派对，以表彰最终与项目失败相关的杰出科学成就（Burton, 2004: 1）。射击大炮或表演表示项目失败的其他仪式可以帮助员工建立应对自我效能感，从而有效地促进他们从失败中学习。仪式之所以有这种作用，是因为它们通常会为悲伤恢复过程提供社会支持的空间。当员工知道他们一直会得到社会支持（因为这是一种仪式）时，他们就更有信心应对创业项目失败引发的悲伤。

社会支持通常会增强人们的健康，同时企业可以创造空间来接受和给予同情（Kanov et al., 2004）。这种同情包括善意倾听其他组织成员的问题（Frost, 2003）、同情的情绪（Carlo et al., 1999）以及对意外创伤事件的大规模反应（Dutton et al., 2006）。大多数人认为这是企业中重要而积极的力量（Kanov et al., 2004）。学者们在许多层面的分析中探索了同情心，包括：个人对他人的同情（Nussbaum, 1996）。同情是一种人际关系，是与人连接的过程（Kanov et al., 2004），人们团结一致以提供充满同情心且有序的组织性反应方式，如同情组织（Dutton, 2006）和同情行动（Shepherd & Williams, 2014; Williams & Shepherd, 2016）。同情是人类本能地回应他人的痛苦以减轻其痛苦的表现。在这种情况下，痛苦包括某种形式的损失或烦恼，会危及个体对其存在的意义的肯定（Dutton et al., 2006），这时，人们的自我意识或心理健康受到威胁，而同情就代表着人们的反应。此外，因为同情意味着对他人的痛苦做出的回应，所以它不仅是基于情绪的，也涉及行动（Dutton et al., 2006）。

6.7　自我同情、消极情绪，以及从项目失败中学习

上文提到的同情是被他人引导的，是指为应对他人的痛苦而产生的感受和采取的行动（Dutton et al., 2006）。同样，自我同情是指个体意识到自己正在经历失落的感觉，确定感觉的原因（在这种情况下指项目失败），并采取措施以做出回应（Shepherd & Cardon, 2009）。对于自我同情的员工来说，他们被自己因项目失败而产生的消极情绪所感动，注意到自己的不适，并希望通过自我康复来缓解这种痛苦，而不是逃避或远离消极情绪的起源（Neff, 2003a; Wispe, 1991）。与对他人的同情不同，自我同情的关系过程（Kanov et al., 2004）是通过个体与其自身的关系而发生的。

我们认为自我同情有三个方面：自我友善、共同人性和正念。我们认为它们与以下两点相关：①个体对项目失败引发的消极情绪反应的强度；②消极情绪经历与人们对失败事件的学习之间联系的改变。我们据此做了几个假设。首先，我们认为，也有经验证据表明（Neff, 2003b; Shapiro et al., 2005），人们可以随时间来学习自我同情。其次，如果人们想要从项目失败中学习，自我同情是必要（但不充分）的条件。最后，当个体同情自我时，他们对消极事件的焦虑减少，因此可以更好地维持心理健康（Neff & Davidson, 2016）。

在本节中，我们将重点讨论自我管理如何帮助人们处理或抵制项目失败带来的威胁，并通过这些事件提高他们的学习效果。我们认为，如果人们在评估项目失败时能关心自己（高度自我友善），客观地看待与其他人相关的项目失败（高度的共同人性），并保持情绪平衡（高度正念），他们就能减少项目失败带来的消极情绪，而且更有能力从失败中学习。在下文中，我们讨论自我同情的这三个方面，以帮助员工通过有利于学习的方式来自我调节项目失败带来的消极情绪。我们没有详尽地总结提高自我友

善、共同人性和正念的机制。我们只是相信这些机制存在，并且在解释人们对项目失败的消极情绪反应以及从经验中学习的程度方面发挥了至关重要的作用（Shepherd & Cardon, 2009）。

6.7.1　自我友善、消极情绪，以及从项目失败中学习

自我友善是指对自己的友好并理解自己，而不是在项目失败后继续自我苛责（Neff, 2003a: 89）。个体（至少部分个体）展示自我友善的情况包括：①他们试图理解并耐心对待他们不喜欢的某些个人特质；②在项目失败时关心自己；③为自己提供处理项目失败的困难方面所需的温柔；④容忍自身可能导致项目失败的不完善之处和缺陷；⑤感觉到项目失败的消极情绪（Neff, 2003b）时，试图对自己充满关心和爱意。

自我友善很少会降低失败的创业项目对参与者的情感意义，但它确实可以阻止个体因失败而认为自己"不好"。高度自我友善的人经历项目失败后，很少会因为不能达标而自责自怨（Neff, 2003a）。因此，他们在反思自身弱点时，就可以免于焦虑（Neff et al., 2007）。除了降低焦虑感之外，自我友善还可以防止人们处于反刍状态。如前文所述，反刍会增加消极情绪（Nolen-Hoeksema, 1991）。因此，如果员工有能力将项目失败事件与自我评估区分开来并且有高度的自我友善，那么他们可以降低自己对项目失败的消极情绪反应。

自我友善取决于区别对待的智慧，即"通过理解影响行为的复杂而多变的环境因素，以清楚地评估行为的积极或消极性质，并认识到特定表现不会被视为自我价值的指标"（Neff et al., 2005:264）。我们并不是建议人们忽视这些缺点，或者毫无抵抗地接受它们。相反，自我友善有助于消除与失败相关的学习障碍。只有当个体进行自我评判时，自我保护机制才会被激活。虽然这些机制掩盖了个体自我意识的不足，从而维持个体的自尊（Neff, 2003a），但它们最终减少了人们的学习内容。自我友善提供了对项目失败更客观准确的感知，从而提供了一个可以提高自我意识的情感安全网（Shepherd & Cardon, 2009）。换言之，自我友善阻止人们在主观上反应过度（Neff, 2003a）、引发反刍（Nolen-Hoeksema, 1991）或消极情绪恶化（Nolen-Hoeksema, 1991）。这种较高水平的消极情绪通常会阻碍学习（Nolen-Hoeksema, 1991; Shepherd, 2003），因为当个体专注于自己的消极情绪时，他们就没有能力注意和处理有关其失败经历的信息。此外，对于自己的错误和缺点的意识是学习的重要资源，自我友善有助于提高这种意识。因此，当员工具有评估创业项目失败（与自我价值评估无关）的能力时，那些具有自我友善能力的人在学习过程中面临的障碍更少。

6.7.2 共同人性与从项目失败中学习

共同人性是指将人的经历视为更大的人类经验的一部分，而不是把它们视为单独的和孤立的（Neff, 2003a: 85）。也就是说，拥有共同人性的员工认为他们的失败经验与他们公司的共同经历有关，并认识到失败是创新的必然要素，且包括他们自己在内的每个人都值得同情（Shepherd & Cardon, 2009）。这一观点使个体能够与其他组织成员保持联系。基于与组织中其他人的这些联系，员工可以原谅自身任何导致项目失败的缺陷。

有人认为，强调共同人性的机制会降低员工心中创业项目的重要性，关于这一点很多人质疑。实际上，失败的项目会帮助员工将他们所产生的感受置于环境中。换句话说，如果员工承认自己与公司内其他人都因项目失败而感到悲痛，那么他们会减少自我批评（Rubin, 1975），并更容易原谅自己以前的缺点（Neff, 2003a）。因此，他们不太可能将项目失败视为对自尊的威胁。反之，随着共同人性的感受逐渐减弱，员工更倾向于将项目失败视为威胁，因为他们会感到自己是孤立的，与其他人关系不大，因此他们的健康程度有所下降。此外，人们会消极地看待威胁情况，从而面临更多的焦虑和压力（例如 Leary et al., 2001）。

高水平的共同人性也会影响人们从创业项目失败中学习的能力。更具体地说，当员工认识到所有组织成员都在经历失败引发的消极情绪时，他们更有可能参与对失败原因的必要的公正诊断中，并为失败提供可能的原因（Shepherd & Cardon, 2009）。减少自我苛责后，组织成员减少了为维护自尊而外化责任的行为。尽管外化责任来源有效保护了自尊（如 Brockner & Guare, 1983），而通常它提供的学习机会很少。因为个体认为失败是由完全在自己控制之外的因素造成的，所以没有太多东西需要学习（例如 Diener & Dweck, 1980）。在这种情况下，共同人性可能会导致所有团队成员都想要确定谁应该为失败负责。事实上，员工可能会将创业项目的失败归于多种原因，如组织管理或经济环境。然而，真正从失败中学习，即尝试理解错误发生的原因以及如何在后续项目中避免类似问题，需要人们对失败的主要原因进行公正且诚实的评估。Leary 等（2007）称这种评价是公正归因（与自我归因相对）。根据 Neff（2003a）的观点，自我同情能够有效维护员工个人的良好状态不受事件的消极影响。此外，Leary 和他的同事们（2007）表明，当人们将消极事件归咎于自己时，拥有自我同情的人会努力对自己好一点。在这项研究中，无论责任归咎于什么或谁，自我同情都是有益的。

大多数人在创业项目失败之后感到自己不够努力。每当组织成员尝试提醒自己这一点时，他们就部分展示了共同人性，试图将他们的错误视为组织环境中所有人状况的一部分，提醒自己组织里许多员工或其他组织里的员工在项目失败后会感到沮丧，并记住每个人都会遇到具有挑战性的情况（改编自 Neff, 2003b）。如果不以这种方式与他人联系在一起，人们会感到孤立，会减少非正式的学习和信息获取，并降低自己的行动力（Martinko & Gardner, 1982）。当员工拥有更高程度的共同人性时，他们不会将创业项目失败归咎于自己，因为他们已经原谅了自己因失败而造成的任何错误，并且还原谅了其他可能因失败而被指责的项目团队成员（Shepherd & Cardon, 2009）。反过来，这种原谅会解除阻碍学习的防御机制。

6.7.3 正念和从项目失败中学习

有正念的组织成员会检查创业项目失败所造成的情绪困扰，以好奇和开放的态度处理项目失败的情绪，并通过对事物透彻的理解（改编自 Neff, 2003b）来保持对失败事件的平衡感知。正念意识较低的员工往往受到个人感受的强烈影响（Neff, 2003a: 88）。例如，当个体专注于创业项目失败时，他的注意力可以从失败本身转移到由事件引起的消极情绪体验上，从而增加了他的消极情绪（Nolen-Hoeksema, 1991）。

我们并不是说有正念的组织成员不会对创业项目失败表现出情绪反应。相反，有正念的个体可以将这些情绪置于更大的背景下，并以更广泛的视角来看待这些情绪是否重要（Neff, 2003a: 89; Teasdale et al., 2000）。这个更大的背景不太会危及个体的自尊心，因此人们学习时面临的自我保护障碍会很少。正念有助于人们结束自我消化的循环并避免反刍。例如，Shapiro 等（2005）进行了一项基于正念的八周的干预活动，旨在减轻压力。该活动有效地改善了医护人员的自我同情心，并减轻了他们的压力。在组织环境中，正念有助于降低创业项目失败的消极结果的重要性，从而减少个体的消极情绪反应（Shepherd & Cardon, 2009）。

正念水平高的员工不会将注意力集中在与项目失败相关的消极思想和情绪上，也不会将项目失败与自我价值联系起来。这些员工可以接受事件本身，即学习的机会，并自觉地意识到这一点（Hayes et al., 1996），但不会对自己进行严格批判。正念使个体能够将情绪视为一种信号，表明失败事件是一个重要的学习机会（Lazarus, 1993; Weick, 1979），但不会让消极情绪超过自身的信息处理能力（Mathews et al., 1990; Wells & Matthews, 1994），这会降低与失败有关的学习能力。以这种方式平衡情绪是自我调节的一个基本要素，也是正念的核心方面。如上所述，个体可以平衡与失败有关的消极情绪并改善学习，例如，通过在损失导向和恢复导向之间摆动（Shepherd, 2003; Stroebe & Schut, 2001）。当然，人们在控制情绪的程度上是多种多样的（Tugade & Fredrickson, 2004），因此一些人可以更好地利用情绪知识（即正念）来缓解压力（Barrett & Gross, 2001）。

正念有效控制了反刍和过度认同，从而帮助个体更有效地辨别项目失败的重要信息，然后进行解释并从中获取信息（Shepherd & Cardon, 2009）。在某个层面上，正念代表了一种超脱，就像处于无偏见角度的治疗师在与客户互动时所采取的方式一样（Bohart, 1993; Neff, 2003a）。然而，它并不脱离评估。相反，正念需要将人们对特定事件的评估与自我评估区分开来。

结论

在本章中，我们探讨了情绪在创业过程的不同阶段和任务中的影响。我们说明了情绪在理解创业者的机会利用决策中起着关键作用。此外，我们还发现，上级或管理者的情绪表现可能会影响员工参与创业行为的动机。当组织内的创业项目失败时，员工往往会产生大量的消极情绪，从而降低他们从失败中学习的动机。然而，我们还证明，这些影响取决于组织环境将失败正常化的程度，以及人们的应对导向、自我效能感和自我同情水平。

第 7 章 结 论

在本章中,我们总结了先前研究的重要部分,旨在理解创业者的认知。具体而言,我们关注的是知识、动机、注意力、身份和情绪在创业过程中的作用。我们希望,对于想要更好理解创业认知的学者和从业者来说,该研究有一定的启发作用。

7.1 知识与创业认知

在第 2 章中,我们概述了在个体和团队对创业机会的识别中,知识起到的重要作用。具体而言,我们说明了个体在其知识禀赋方面存在差异。这种差异在一定程度上解释了为什么有些人能够识别特定类型的机会(如商业的、可持续的、与健康相关的和国际化的机会),而另一些人则不能。我们还发现创业者内外部的知识源可能影响机会识别。最后,我们探讨了结构整合的作用。在这里,我们把结构调整看作一种与机会识别中的先验知识相互作用的认知过程。我们的发现对于学术研究具有重要意义,并指出了未来可能的研究方向。

(1)在探索先验知识与机会识别之间的关系时,创业学者应仔细区分先验知识的类型。例如,先验知识可以引导个体发现更多创新性的机会,但是随着人们获得更多经验,一些人可能会故步自封。两者的关系可能是曲线形的,即随着知识增长,机会的数量和创新性会有所提高,然后保持稳定,最后下降。然而，这只是我们的假设，还需要更多的研究来充分理解这些关系。此外，先验知识与机会识别之间可能不只是简单的主效应关系。通过分析，我们认为个体关于客户问题的先验知识与机会识别能力之间的关系取决于他们完成任务所获得的经济回报（Shepherd & DeTienne, 2005；另见 Csikszentmihalyi, 1975, 2000；Maheswaran & Sternthal, 1990）。研究解释了为什么有些人能够基于先验知识来识别机会，而其他人不能。然而，先验知识促进机会识别的机制仍然不明确，这值得未来的研究关注。

（2）我们发现，个体掌握的自然环境或社区环境的创业知识影响着他们对可持续发展机会的识别。具体而言，具有这些知识类型的人更能根据自己所居住的自然环境和社区环境的变化来识别机会。我们还提出，这些类型的知识对机会识别的影响取决于创业知识，即市场知识、市场服务方式和客户问题（Shane, 2000）。具体而言，自然或社区环境知识与创业知识之间似乎存在互补关系。因此，要研究如何识别未来那些可以为创业者带来超越经济收入的机会，应该重点关注不同知识类型之间的相互作用。当发达经济体的企业扩展到发展中经济体中时，识别机会的知识类型之间的相互作用可能处于核心位置。例如，Hart（2006）认为，"管理者，特别是跨国公司的管理者，更习惯于将全球市场视为一个单一的整体实体。他们几乎只关注货币经济和处于一定富裕水平的客户"。Hart（2006）也描述了发展中国家经济发展不足的后果：

过去，无知和孤立是指处于传统市场经济中的人们基本不了解自己的困境，然而现在情况有所改变，数字革命正在为世界上越来越多的穷人带去信息和观点。正如我们所看到的，这些知识能赋予人们能力，为改革腐败政权创造机会，解决了环境问题，并促进了公平发展。

因此，Hart 指出，当个体认识到可持续发展的机会时，他们对于自然问题和社区问题的知识可能与数字技术知识相互作用。我们相信未来的研究可以探索这个命题以做出重要贡献。此外，由于我们的理论侧重于形成一种信念，即可持续发展机会是为了某个人存在的（第三人称机会），未来的研究还可以探索自然环境和社区环境相关知识（以及与创业知识的互动）如何形成一种信念，即已被识别的机会可以被识别它的个体利用（即第一人称机会信念）（McMullen & Shepherd, 2006; Shepherd et al., 2007）。最后，值得注意的是，很少有实证研究检验知识类型与可持续发展机会之间的假设（相互作用）关系。我们迫切需要进行这些研究。

（3）我们认为，事先了解自己的健康问题或亲人的健康问题会带来与健康有关的问题，从而促使个体识别改善他人健康的机会。与健康相关的问题的知识是多样的，并且能够帮助人们捕捉到问题背后的医学原因、部分问题之间的相互作用（如诊断、药物、治疗计划）或当前解决方案不足的原因。未来的研究应该更深入地探究这些问题，并且（可能经验性地）探索与健康相关的知识类型如何（可能交互式地）影响机会识别。此外，在与健康相关问题的先验知识的基础上进行机会识别的环境可能有助于研究用户创业（目前还很少有人理解这一现象）（Shah & Tripsas, 2007）。有健康问题并在市场上找不到解决方案的人可能会特别关注现有产品的采用和改进，这可能会帮助他们发现改变自己和他人健康状况的机会。研究与健康相关的技术、产品和服务环境下的用户创业过程，将有助于我们理解机会识别和知识在其中的作用。最后，学者们也可以研究人们如何将自己的技术知识应用于没有经历过的健康问题。例如，基于与健康有关的知识，个体可以关注世界各地人们共同的健康问题，处理最大金融市场潜力的问题，或者解决自己社区中特别普遍的问题。也许只有通过让患有这些疾病的人观察与健康相关的问题，我们才能将视角放长远，帮助人们形成识别与健康有关的机会所需的创造性。

（4）在国际机会的背景下，第 2 章强调了考虑内部和外部知识来源以解释机会识别的重要性，尤其是这些知识来源之间的偶然关系。具体而言，具有较低国际知识水平的创业者及其管理团队最能利用外部国际知识来源来识别国外市场的机会。这种替代效应与吸收能力研究的结果相反，后者强调人们需要特定领域的知识以有效地将更多的知识纳入该领域（Cohen & Levinthal, 1990; Zahra & George, 2002）。这也与我（Holger）和同事（Domurath & Patzelt, 2016）的研究结果相反，我们的结果表明如果创业者认为他们的企业具有较高的吸收能力来整合有关国外市场的知识，他们会更有可能依赖国外关系（作为知识来源）来评估国际机会的吸引力。因此，我们需要未来的研究来探索吸收能力在个体对国际机会的认知中的作用。此外，值得注意的是，风险投资家可以向被投资者提供特定国际化背景的知识，这些知识可以是他们先前从国外市场的被投资者那里获得的。未来的研究可以从吸收能力的角度来继续先前的讨论，来探索风险投资管理者自身的国际经验和他们的风险投资公司通过国外投资获得的经验如何相互作用，从而促进未来被投资公司的国际化。第 2 章还讨论了具有国际知识的邻近企业可能发挥的重要作用。邻近企业的知识可能会渗透到新的企业中，从而促进这些企业对国外市场机会的认识。事实上，这种情况似乎有点矛盾，因为邻近企业促进了对最远市场中机会的识别。研究技术知识背景下的知识溢出（Audretsch & Feldman, 1996）有助于解决这一矛盾。我们还有必要将这种知识溢出的概念扩展到技术领域之外。

（5）我们详细阐述了认知过程（尤其是结构整合过程）如何将创业知识转化为对新商机的认识。Baron（2006）和 Baron & Ensley（2006）指出了机会识别模式的重要性，而结构整合描述了如何识别这些模式的特殊认知过程。考虑到高阶结构相似性在这一过程中的中心作用，我们解释了为什么指导机会识别的模式识别具有挑战性

（参见 Dutton, 1993; Julian & Ofori-Dankwa, 2008）。具体而言，创业者不仅需要关注环境信号，还必须投入认知能量，以便在结构关系的深层对信号进行编码和处理。这时，创业者的先验知识开始发挥作用，因为它有助于以更成熟的心智表征来评估潜在机会的结构关系。在认识新机会时，有经验的创业者倾向于关注市场困难的原因和影响，而不是市场的表面特征。正如第 2 章所说明的那样，知识在机会识别中的作用超越了个体与其他人相比的特质优势（Fiet, 1996）：作为高级认知处理过程的重要资源，先验知识能够使人们思考那些与原始技术市场拥有较少相同表面特征的机会。最后，要注意的是，尽管有初步证据证明了机会识别中的结构整合过程，但现有研究的环境是实验性的，因此有一点人为色彩。未来的研究需要探索现实环境中这些过程的作用，如创业者的信息超载、工作压力以及年轻企业典型的团队环境等方面。

7.2　动机与创业认知

知识和动机对理解机会信念和创业行为至关重要（McMullen & Shepherd, 2006）。在第 3 章中，我们研究了动机在创业认知中的作用。

（1）我们强调了动机如何将注意力转移到识别潜在机会并利用已确定的潜在机会上。我们首先讨论了经济回报的前景。经济回报提供外在动机，可以帮助个体产生更多想法，而这些想法往往更具创新性。此外，当创业者拥有更多领域的知识时，经济回报的影响会更加积极（Shepherd & DeTienne, 2005）。

（2）人们可以对各种活动充满激情。我们描述了个体如何对创业活动充满激情，这种激情促进了创业流程中关键任务的努力、持久性以及最终的成功。此外还有不同类型的创业激情。例如，Cardon 等（2009）描述了创业者可以对创新、创立或开发新企业充满激情。然而，很少有研究关注这些不同类型的激情如何与其他动机相互关联作用。例如，在创业者创业或坚持创业的动机中，经济动机能在多大程度上弥补他们缺乏的某种激情？然而，也许经济动机和不同的激情类型不是相互替代，而是相互补充的关系。例如，当创业者已经有经济动机时，他们从创业的激情中获得的动机会更加强烈。明确这些问题很重要，因为它们可以帮我们更好地理解（不同类型的）激情对创业者动机的影响。

（3）人们常常认为，由于在追求潜在机会时存在固有的不确定性（以及失败的可能性），人们对失败的恐惧会阻碍创业行动。然而，我们的研究有不同发现。我们研究了对失败的恐惧的不同维度，以及其中一些维度会激励（而不是阻碍）创业行为。这些维度包括：对耻辱感和尴尬的恐惧，对自我评估降低的恐惧，对未来不确定性的恐惧，对失去社会影响力的恐惧，对让重要的人不满的恐惧（Conroy, 2001;

Conroy&Elliot, 2004; Conroy et al., 2002)。我们还解释了在确定创业行为时，激情和对失败的恐惧是如何相互作用的。再者，这些不同类型的恐惧中出现了许多新颖的研究机会。例如，在什么情况下以及对于什么类型的企业来说，这些恐惧的维度最能阻止创业行为？也许，当创业者评估媒体中高度可见的创业机会时，对他们影响最大的是对羞耻感和尴尬的恐惧，或对失去社会影响力的恐惧。而对于个人财务资源较少的创业者来说，他们最害怕在评估新的商业机会时有一个不确定的未来。此外，学者们可以探索不同的恐惧维度如何与触发创业行为的其他动机相互作用。例如，当创业者让他人非常失望时，亲社会动机对他们的影响会减弱，即他们参与社会创业的动机会减弱。当一个社会企业失败时，企业的众多利益相关者，包括那些正在得到帮助的人，可能会变得特别不安，尤其是当他们必须回到企业开始帮助他们之前所处的悲惨境地。

（4）在第3章中，我们讨论了动机如何帮助解释识别和利用一种特殊类型的潜在机会，即保护自然或社区的潜在机会。我们讨论了个体周围的环境如何影响他"看待"世界的方式，这种方式可以激发个体去识别并追求解决社会或生态问题的潜在机会。在利用这些潜在机会的过程中，创业者有机会为自己或其他人创造经济收益。这种经济收益也可以激励他们追求潜在的可持续发展机会（Patzelt & Shepherd, 2011; Shepherd & Patzelt, 2011）。然而，迄今为止，我们几乎没有实证来表明经济和非经济收益如何激发创业者去识别和利用保护自然环境和社区环境的机会。

（5）个体也处在可以体验或反映自己或亲人的消极健康状况的环境中，这些经历可以激发人们去识别和利用提供与健康相关问题的解决方案的潜在机会（Shepherd & Patzelt, 2015）。此外，许多有身体或心理问题的人被吸引到创业事业，因为这些职业提供了灵活性、自主性和在就业中得不到的相关优势（例如，Wiklund et al., 2016）。但是，在什么情况下，这些身体或心理有问题的人能够根据企业的需要调整自己，从而保持长久的动力？例如，一些行业可能很多变，因此人们需要快速适应以跟上竞争的步伐，这与有健康问题的创业者的需求不相容。事实上，在这种情况下，竞争压力可能会使创业者的健康状况恶化，从而导致其健康状况螺旋式下降，并且他们应对企业环境竞争压力的能力也有所下降。这种下降不仅会减少创业者继续创业的动机，也会影响他们的健康。这些问题以及相关研究问题值得引起学界重视，以便阐明创业者的健康和动机之间的关系，从而帮助有身体或心理健康问题的人发展成功的创业事业。

（6）动机也可以来自个体的价值观。在Schwartz（1992）和Holland & Shepherd（2013）研究的基础上，我们讨论了以下价值观在激励创业行为中的作用：①自我提高；②对变化持开放性态度；③自我超越；④保守。更确切地说，我们讨论了当最佳决策是停止行动时（在这种情况下，终止项目或业务），价值和其他激励因素在创业者决定坚持采取行动时的作用。影响创业者坚持行动的因素有：①个人沉没成本；②个人自我利益；③个人机会；④保持一致性常规；⑤先前的组织成功；⑥感知到的集体效能。这些特征对坚持失败行为决策的影响取决于创业者的外在动机水平（DeTienne et al., 2008）。如果企业最终失败了，那么对创业者和利益相关者来说，这种坚持的成本是昂贵的（如 Shepherd et al., 2009b）。因此，在创业背景下，更多的动机并不总是好事。我们鼓励学者进一步研究创业动机对个体和创业企业有利或不利的条件，创业者平衡创业动机和发展企业的方法，以及当成功的可能性很低时，他们创业退出的能力。

7.3　注意力与创业认知

在第 4 章中，我们讨论了注意力在创业过程中的作用。我们区分了自上而下和自下而上的注意力分配，并指出了我们最常考虑的是自上而下法引发的创业决策和行动。然而，我们强调了当个体发现和解释潜在机会的信号时，自下而上的过程是如何运作的（Shepherd et al., 2007; Shepherd 2017）。这时，创业者的注意力可以"自由"地被外部环境的变化所吸引，并且可以专注于解释这些环境变化的性质和潜在机会。我们需要进一步的研究来探索自下而上的注意力分配过程在检测和解释表示环境变化的信号中的作用，以及这些解释如何影响机会信念的形成。我们认为，未来的注意力研究将会考虑到创业者的任务需求，因为在创业者将注意力分配给高要求的任务时，他们就无法专注于扫描外部环境以寻找潜在机会的信号，换言之，人们的注意力是有限的。

当然，人们的注意力难以同时兼顾一个任务和一个潜在的机会。在第 4 章中，我们还详细说明了，在不同发展阶段，潜在机会组合如何反映企业及时推进或终止潜在机会的能力。这些能力体现在公司的经验、标准操作程序和信心上，所有这些因素都将注意力引导至组织内部。我们还在调查结果中强调，在自己所从事的边缘项目未被终止时，员工们会失望，因为他们想转移到下一个热门项目。事实上，尽管立即从失败项目转移到新项目中会让人们产生积极情绪，但他们没有反思失败的项目，因此没有从经验中学习（组织也没有）。相比之下，那些经历了延迟终止的人感觉到了消极情绪，但他们用这段时间来反思、记录并最终从失败经历中学习（Shepherd et al., 2014）。未来的研究可以探索如何解决经历消极情绪和学习之间的明显冲突，即在什么条件下，团队成员可以最大限度地减少消极情绪，并在项目失败后最大限度地学习。另外，也许一些管理干预和互助实践可以帮助员工从快速被终止的项目中学习

（产生较少的消极情绪），或者使逐渐被终止的项目带来的消极情绪体验降至最低（产生学习机会）。

最后，尽管大多数人的注意力被自动分配给刺激以通知他们进行决策，但这种自动性会产生一些问题，特别是在考虑新任务或在新环境中工作时。元认知是对认知和思维进行思考，它能够让人们对比其他备选决策并从中进行选择，并监测该策略的进展情况，更有意识地思考当前的任务（相似性和差异性）。我们推测，在新环境下或决策速度不重要时，元认知方法可能用处最大，但需要经验证据来证明这一说法。例如，学者们可以研究对于处在不同程度活力和技术变化的行业中的创业者来说，元认知的潜在的优缺点如何影响他们的行动。

7.4 身份与创业认知

在第 5 章中，我们讨论了创业者身份。身份在创业背景下有许多重要的含义。我们描述了追求创业生涯的人如何能够满足他们对独特性的需求，但我们也承认人们也有归属感需求。满足这种需求既是创业者的独特之处，也是对他们的挑战。事实上，许多创业者表示自己感到孤独。我们还讨论了创业者如何通过将工作身份与非工作身份相结合，以最大限度地改善心理健康。当然，我们认识到（部分来自我们自己的经验），"管理"工作和非工作身份并不容易，因为它们有时会发生冲突。因此，我们讨论了多变的身份管理策略（即分化和整合策略），同时讨论了个体比其他人更有可能成功的条件（参见 Shepherd & Haynie, 2009）。未来的研究可以探索创业者如何在日常生活中成功实施这些策略，以及他们需要最主动地解决工作身份和非工作相关身份冲突的哪些方面。也许在一些行业（例如竞争激烈的行业）中，身份管理更具挑战性，并且可能有某些特质的创业者在解决身份冲突方面更为成功。我们关于创业者身份管理战略的研究为未来的研究提供了广阔的空间。

我们还解释了身份是如何丧失的，以及如何追求潜在的机会或创业生涯能够帮助个体发现、发展和完善新的工作身份。在创伤事件导致身份丧失的情况下，创建新身份的第一步是建立身份基础。身份基础要求个体重建关于世界、人性和自我的基本假设。没有这个基础，身份认同可能会失败。重要的是，这些人（即那些由于创伤事件而失去了身份的人）也可能产生创业动机（推动式和拉动式），并且可以创造性地思考他们过去的职业能力如何适用于新的可能的创业生涯（Haynie & Shepherd, 2011）。同时，这些观点为未来的探索提供了研究机会。例如，创伤事件的性质如何影响个体追求创业生涯的动机和创业类型？创伤性事件导致的身份丧失的类型和强度如何影响创业动机？或许，创业动机对创业者凭借创业从创伤中恢复的影响程度和个体性格有关。了解这些作为创伤反应的创业动机的边界条件很重要，因为它不仅可以建立创业动机的新理论，而且能帮助受创伤的个体决定创业事业对他们来说是否合适。

我们继续讨论了通过探索人们陷入低谷的情况来创建新身份。谷底提供了逃生的环境，有些人通过身份扮演逃离，这为探索一系列潜在的职业生涯和恢复途径提供了基础，但也存在一个阴暗面。这个阴暗面是指通过认知解构来逃避，它阻碍了人们创造新身份，也阻碍了身份恢复过程（或导致更糟的情况）。当人们在失业后陷入低谷时，如果他们考虑到幻想与现实之间的界限，沉浸在当下的身份扮演（Shepherd & Williams, 2018）中，那么他们就能得到帮助。我们期望未来的研究能够以我们的工作为基础，为学者和陷入低谷的人们提供有价值的见解。例如，参与身份扮演有不同的前因和障碍。那些陷入低谷的人对身份扮演有着不同的"心理空间"（参见G.Petriglieri & J.L.Petriglieri, 2010）。在什么样的条件下，陷入低谷的创业者会有更多或更少的身份扮演的心理空间，以及他们何时更有可能使用这种心理空间来进行身份扮演以从低谷恢复？另外，什么工具可以帮助人们通过身份扮演？例如，是否可以通过场景规划（Brown & Starkey, 2000）来恢复？我们对这个问题知之甚少。最后，那些处于低谷的人可能会在恢复期间创造出不同类型的积极身份。例如，不同类型的身份扮演以及进行身份扮演的不同方式如何创造出新的（创业）身份，比如那些积极的但也可能代表某些方面降级的身份（Newman, 1988）。此外，文化在帮助或阻碍低谷恢复方面以及在身份扮演中起到了什么作用？

再者，正如本章所讨论的，创业者可以拥有多重身份，这些身份可能会发生冲突。这种身份冲突在家族企业背景下尤为突出。事实上，我们讨论了家族企业中的家族身份与所有者身份之间的冲突，以及这种身份冲突如何阻碍创业决策。我们还就如何管理潜在的身份冲突以加快创业决策提出了一些建议。然而，我们也注意到，家庭和家族企业两者的性质可能会影响身份冲突的产生和逃避。这些问题值得进一步研究。例如，家庭参与家族企业的程度各不相同。因此，如果一个家庭的更多成员参与到业务中，则个体的所有者身份和家庭身份之间的冲突是否会不同？家庭成员之间的冲突（无论是否涉及企业）如何影响身份冲突？此外，当家族企业已经存在了很多代，或由外部首席执行官而不是家族首席执行官管理时，这种冲突会更容易还是更难解决（或以不同方式解决）？家庭成员经常追求的非经济目标（Chrisman et al., 2014）如何影响他们的身份冲突？未来的研究可以探索这些问题，以及其他有关家庭所有者 - 管理者身份冲突的出现和解决背后的家庭和商业相关因素的问题。

7.5 情绪与创业认知

在第 6 章中，我们讨论了情绪在创业中的作用。我们强调，创业生涯可以产生高度积极情绪和高度消极情绪。首先，我们描述了激情，区分了和谐型热情与强迫式激情，以及它们如何影响利用新潜在机会的决定。我们还解释了另一种积极的情绪，即兴奋如何调节激情与利用潜在机会的决定之间的关系。然而，我们也注意到激情和兴奋只是可能在企业决策中起作用的许多积极情绪中的两个因素。例如，Welpe 等（2012）发现，喜悦可以增加机会评估对机会利用的积极影响，Baron（2008）认为积极情绪通常有助于机会识别。因此，我们有充分的理由相信，其他积极情绪可能也会在机会识别和利用中发挥重要作用，如激情、幸福、自豪或大胆。此外，除了体验这些情绪，预测这种情绪也可能会影响创业过程。例如，相比于那些总体自豪水平不高的创业者来讲，成功创业的创业者可能更侧重于机会认知和利用。此外，一些研究已经解决了创业过程中的消极情绪问题。例如，这些研究表明，创业者往往比非创业者经历更少的消极情绪（Patzelt & Shepherd, 2011），但他们也强调了特定消极情绪（例如恐惧和愤怒）的重要作用（Welpe et al., 2012; Mitchell & Shepherd, 2010），以进行机会评估和利用。我们预计，积极情绪和消极情绪在创业过程中的角色研究将在未来得到学界的重点关注。

其次，考虑到情绪在个体的创业认知中起着关键作用，我们解释了管理者的情绪表现如何影响员工的创业行为意愿。具体来说，我们（Brundin et al., 2008）重点研究了管理者的信心，满意的积极情绪，挫败感、担心、困惑和压力的消极情绪及其对员工创业行为意愿的影响，员工认为这些情绪对他们的创业动机有影响。此外，我（Holger）和同事（Breugst et al., 2012）发现，员工对创业激情的看法影响着他们对新企业的投入，但因激情的类型而异：当创新和风险发展的激情增加了投入时，激情对创业则有负面影响。这些研究表明，当学者不仅探索创业者的情绪，而且探究环境中的个体如何对创业者的情绪表现做出反应时，他们就能发掘出相当大的潜力以做出贡献。事实上，几乎没有文献提及员工如何看待创业公司内包括创业者的情绪表达的工作环境。此外，有初步证据表明，创业者的激情表现可以引发投资者的资金决策（Chen et al., 2009），这表明各种利益相关者（除了员工和投资者，还包括客户、供应商和联盟合伙人）可能会受到创业者情绪表现的影响。学者们有很多机会去调查创业者的情绪和情绪表现如何影响他们的社会环境，进而影响企业的资源获得以及最终的成功。

我们还详细描述了员工对他们的项目产生依赖，并且当项目（Shepherd et al., 2009a; Shepherd et al., 2011）或业务失败（Byrne & Shepherd, 2015; Shepherd, 2003,

2009）时，他们会经历一种消极的情绪反应——悲伤（Shepherd, 2003）。他们常常感到悲伤是因为失去了对他们重要的事物——满足他们对能力、自主性和归属感的需求的事物（Shepherd & Cardon, 2009）。这些消极情绪会影响个体从失败经历中学习并继续前进的能力（Shepherd, 2003; Shepherd et al., 2011）。在个体层面上，（合伙的或独立的）创业者可以在损失导向和恢复导向之间摆动，以"管理"消极情绪，这比简单地将失败正常化更好（即将情绪完全从创业过程中抽出）。这些人还可能表现出自我同情——自我友善、共同人性和正念。这有助于阻止消极情绪的升级，并有助于他们从经验中学习。我们还讨论了在组织层面管理项目失败的影响。因此，我们的研究提出了未来研究可以探索的有趣问题。例如，组织环境、文化和领导力如何促进损失导向和恢复导向之间的摆动？此外，不同个体如何根据个性特征和失败经历的性质以在这些导向之间实现最佳"平衡"？我们希望学者可以总结我们对创业失败背景下消极情绪的作用的观点，以开展新的研究。

结论

总之，创业认知是一个引人入胜的话题，引发了我们的好奇心，并激发了我们十多年来的研究。尽管学者在这方面取得了相当大的进展，但最后一章已经表明，迄今为止所讨论的每个问题的研究，都带来了更多令人着迷的新研究方向。本书的目标是总结我们的研究对当前知识的贡献，并为今后的学术研究确定机会。我们希望你能喜欢这本书，并能够获得对创业认知的一些新见解。最后，希望我们能够激发你加入这条激动人心的研究道路的动力。

常用术语对照表

第 1 章

entrepreneurial cognition　创业认知
entrepreneurial mindset　创业心智

第 2 章

the ability to identify opportunities　机会识别能力
opportunity identification　机会识别
prior knowledge　先验知识
communal environment　社区环境
entrepreneurial firm　新创企业
structural alignment　结构整合
superficial similarity　表面相似性
structural similarity　结构相似性

第 3 章

entrepreneurial cognition　创业认知
behavior triggering force　行为触发力
opportunity recognition　机会识别
financial reward　经济回报
self-employment　自我雇用

prior knowledge　先验知识
consideration set　考虑集合
entrepreneurial passion　创业激情
self-determination theory　自决理论
autonomous intentionality　自主意向
controlled intentionality　受控意向
obsessive passion　强迫式激情
harmonious passion　和谐式激情
anti-failure bias　反失败倾向
psychological need for competence, relatedness and autonomy　对能力、相关性和自主性的心理需求
institutional environment　制度环境
altruism　利他主义
empathy　同情
sympathy　共情
sustainable development　可持续发展
salaried career　薪水型职业
entrepreneurial career　创业型职业
prosocial motivation　亲社会动机
cognitive processing　认知处理
pro-environmental values　亲环境价值观
entrepreneurial self-efficiency　创业自我效能
system conditions　系统条件
industry munificence　行业宽裕性
trans-situational consistency in personality traits　人格特质的跨情境一致性
meta-analyse　元分析
personal values　个人价值观
valence　效价
cause decisions　决策原因
cognitive representation　认知表征
self-enhancement　自我提高
openness to change　对变化持开放性态度
self-transcendence　自我超越

conservation　保守

self-justification theory　自辩理论

theory of cognitive dissonance　认知不和谐理论

sunk cost　沉没成本

agency theory　代理理论

norms for consistency　保持一致性常规

prior organizational success　企业先前的成功

attribution theory　归因理论

collective efficacy　集体效能

organizational commitment　组织认同感

第 4 章

reflection question　反思性问题

connection question　关联问题

goal orientation　目标取向

metacognitive choice　元认知选择

metacognitive knowledge　元认知知识

metacognition　元认知

cognitive adaptability　认知适应性

notion of attentional orientation　注意力倾向

first-mover advantage　先行优势

bottom-up attention allocation　自下而上的注意力分配

top-down attention allocation　自上而下的注意力分配

attention capture　注意力捕获

transient attention　短时注意力

knowledge structure　知识结构

core concept　核心概念

第 5 章

negotiated identity　协商身份

family firm　家族企业

identity control theory　身份控制理论

meta-identity　元身份

identity conflict　身份冲突

disciplined imagination　有规范的想象力
identity play　身份扮演
boundary permeability　边界渗透性
boundary flexibility　边界灵活性
identity synergies　身份协同
identity boundaries　身份边界
integration　整合
compartmentalization　分化
the curve of the entrepreneurial identity　创业者身份曲线
psychological transaction cost　心理交易成本
super-ordinate identity curve　高级身份曲线
belongingness　归属感
distinctiveness　独特性
optimal distinctiveness theory　最优独特性理论

第 6 章

broaden-and-build theory　拓延-建构理论
heuristics　启发式
analytic strategies　分析策略
frustration, worry, bewilderment, strain　挫败感、担心、困惑和压力
positive/negative emotional displays　积极的/消极的情绪表现
affective commitment　情感承诺
psychological ownership　心理所有权
need for relatedness　相关性需求
intelligent failure management　智慧失败管理
normalization of failure　失败的正常化
depersonalization　人格解体
loss orientation/restoration orientation　损失导向/恢复导向
orientation of oscillating　摆动导向
the primary/secondary stressor　主要/次要压力源
subsequent entrepreneurial projects　后续创业项目
invasive thoughts　侵入性思维
coping self-efficacy　应对自我效能感
self-compassion　自我友善

common humanity　共同人性
mindfulness　正念
ruminations　反刍

第 7 章

knowledge spillover　知识溢出
cognitive processes　认知过程
structural alignment　结构整合
attention allocation　注意力分配
opportunity beliefs　机会信念
metacognition　元认知
alternate identity-management strategies　多变的身份管理策略
compartmentalization and integration　分化和整合
identity loss　身份丧失
boundary conditions　边界条件
entrepreneurial cognition　创业认知

推荐阅读

中文书名	作者	书号	定价
公司理财（原书第11版）	斯蒂芬 A. 罗斯（Stephen A. Ross）等	978-7-111-57415-6	119.00
财务管理（原书第14版）	尤金 F. 布里格姆（Eugene F. Brigham）等	978-7-111-58891-7	139.00
财务报表分析与证券估值（原书第5版）	斯蒂芬·佩因曼（Stephen Penman）等	978-7-111-55288-8	129.00
会计学：企业决策的基础（财务会计分册）（原书第17版）	简 R. 威廉姆斯（Jan R. Williams）等	978-7-111-56867-4	75.00
会计学：企业决策的基础（管理会计分册）（原书第17版）	简 R. 威廉姆斯（Jan R. Williams）等	978-7-111-57040-0	59.00
营销管理（原书第2版）	格雷格 W. 马歇尔（Greg W. Marshall）等	978-7-111-56906-0	89.00
市场营销学（原书第12版）	加里·阿姆斯特朗（Gary Armstrong），菲利普·科特勒（Philip Kotler）等	978-7-111-53640-6	79.00
运营管理（原书第12版）	威廉·史蒂文森（William J. Stevens）等	978-7-111-51636-1	69.00
运营管理（原书第14版）	理查德 B. 蔡斯（Richard B. Chase）等	978-7-111-49299-3	90.00
管理经济学（原书第12版）	S. 查尔斯·莫瑞斯（S. Charles Maurice）等	978-7-111-58696-8	89.00
战略管理：竞争与全球化（原书第12版）	迈克尔 A. 希特（Michael A. Hitt）等	978-7-111-61134-9	79.00
战略管理：概念与案例（原书第10版）	查尔斯 W. L. 希尔（Charles W. L. Hill）等	978-7-111-56580-2	79.00
组织行为学（原书第7版）	史蒂文 L. 麦克沙恩（Steven L. McShane）等	978-7-111-58271-7	65.00
组织行为学精要（原书第13版）	斯蒂芬 P. 罗宾斯（Stephen P. Robbins）等	978-7-111-55359-5	50.00
人力资源管理（原书第12版）（中国版）	约翰 M. 伊万切维奇（John M. Ivancevich）等	978-7-111-52023-8	55.00
人力资源管理（亚洲版·原书第2版）	加里·德斯勒（Gary Dessler）等	978-7-111-40189-6	65.00
数据、模型与决策（原书第14版）	戴维 R. 安德森（David R. Anderson）等	978-7-111-59356-0	109.00
数据、模型与决策：基于电子表格的建模和案例研究方法（原书第5版）	弗雷德里克 S. 希利尔（Frederick S. Hillier）等	978-7-111-49612-0	99.00
管理信息系统（原书第15版）	肯尼斯 C. 劳顿（Kenneth C. Laudon）等	978-7-111-60835-6	79.00
信息时代的管理信息系统（原书第9版）	斯蒂芬·哈格（Stephen Haag）等	978-7-111-55438-7	69.00
创业管理：成功创建新企业（原书第5版）	布鲁斯 R. 巴林格（Bruce R. Barringer）等	978-7-111-57109-4	79.00
创业学（原书第9版）	罗伯特 D. 赫里斯（Robert D. Hisrich）等	978-7-111-55405-9	59.00
领导学：在实践中提升领导力（原书第8版）	理查德·哈格斯（Richard L. Hughes）等	978-7-111-52837-1	69.00
企业伦理学（中国版）（原书第3版）	劳拉 P. 哈特曼（Laura P. Hartman）等	978-7-111-51101-4	45.00
公司治理	马克·格尔根（Marc Goergen）	978-7-111-45431-1	49.00
国际企业管理：文化、战略与行为（原书第8版）	弗雷德·卢森斯（Fred Luthans）等	978-7-111-48684-8	75.00
商务与管理沟通（原书第10版）	基蒂 O. 洛克（Kitty O. Locker）等	978-7-111-43944-8	75.00
管理学（原书第2版）	兰杰·古拉蒂（Ranjay Gulati）等	978-7-111-59524-3	79.00
管理学：原理与实践（原书第9版）	斯蒂芬 P. 罗宾斯（Stephen P. Robbins）等	978-7-111-50388-0	59.00
管理学原理（原书第10版）	理查德 L. 达夫特（Richard L. Daft）等	978-7-111-59992-0	79.00

推荐阅读

中文书名	作者	书号	定价
创业管理（第4版）（"十二五"普通高等教育本科国家级规划教材）	张玉利等	978-7-111-54099-1	39.00
创业八讲	朱恒源	978-7-111-53665-9	35.00
创业画布	刘志阳	978-7-111-58892-4	59.00
创新管理：获得竞争优势的三维空间	李宇	978-7-111-59742-1	50.00
商业计划书：原理、演示与案例（第2版）	邓立治	978-7-111-60456-3	39.00
生产运作管理（第5版）	陈荣秋，马士华	978-7-111-56474-4	50.00
生产与运作管理（第3版）	陈志祥	978-7-111-57407-1	39.00
运营管理（第4版）（"十二五"普通高等教育本科国家级规划教材）	马风才	978-7-111-57951-9	45.00
战略管理	魏江等	978-7-111-58915-0	45.00
战略管理：思维与要径（第3版）（"十二五"普通高等教育本科国家级规划教材）	黄旭	978-7-111-51141-0	39.00
管理学原理（第2版）	陈传明等	978-7-111-37505-0	36.00
管理学（第2版）	郝云宏	978-7-111-60890-5	45.00
管理学高级教程	高良谋	978-7-111-49041-8	65.00
组织行为学（第3版）	陈春花等	978-7-111-52580-6	39.00
组织理论与设计	武立东	978-7-111-48263-5	39.00
人力资源管理	刘善仕等	978-7-111-52193-8	39.00
战略人力资源管理	唐贵瑶等	978-7-111-60595-9	45.00
市场营销管理：需求的创造与传递（第4版）（"十二五"普通高等教育本科国家级规划教材）	钱旭潮	978-7-111-54277-3	40.00
管理经济学（"十二五"普通高等教育本科国家级规划教材）	毛蕴诗	978-7-111-39608-6	45.00
基础会计学（第2版）	潘爱玲	978-7-111-57991-5	39.00
公司财务管理：理论与案例（第2版）	马忠	978-7-111-48670-1	65.00
财务管理	刘淑莲	978-7-111-50691-1	39.00
企业财务分析（第3版）	袁天荣	978-7-111-60517-1	49.00
数据、模型与决策	梁樑等	978-7-111-55534-6	45.00
管理伦理学	苏勇	978-7-111-56437-9	35.00
商业伦理学	刘爱军	978-7-111-53556-0	39.00
领导学：方法与艺术（第2版）	仵凤清	978-7-111-47932-1	39.00
管理沟通：成功管理的基石（第3版）	魏江等	978-7-111-46992-6	39.00
管理沟通：理念、方法与技能	张振刚等	978-7-111-48351-9	39.00
国际企业管理	乐国林	978-7-111-56562-8	45.00
国际商务（第2版）	王炜瀚	978-7-111-51265-3	40.00
项目管理（第2版）（"十二五"普通高等教育本科国家级规划教材）	孙新波	978-7-111-52554-7	45.00
供应链管理（第5版）	马士华等	978-7-111-55301-4	39.00
企业文化（第3版）（"十二五"普通高等教育本科国家级规划教材）	陈春花等	978-7-111-58713-2	45.00
管理哲学	孙新波	978-7-111-61009-0	49.00
论语的管理精义	张钢	978-7-111-48449-3	59.00
大学·中庸的管理释义	张钢	978-7-111-56248-1	40.00

华章经典 · 管理

ISBN	书 名	价格	作者
978-7-111-59411-6	论领导力	50.00	（美）詹姆斯 G. 马奇 蒂里·韦尔
978-7-111-59308-9	自由竞争的未来	65.00	（美）C.K.普拉哈拉德 文卡特·拉马斯瓦米
978-7-111-41732-3	科学管理原理（珍藏版）	30.00	（美）弗雷德里克·泰勒
978-7-111-41814-6	权力与影响力（珍藏版）	39.00	（美）约翰 P. 科特
978-7-111-41878-8	管理行为（珍藏版）	59.00	（美）赫伯特 A. 西蒙
978-7-111-41900-6	彼得原理（珍藏版）	35.00	（美）劳伦斯·彼得 雷蒙德·赫尔
978-7-111-42280-8	工业管理与一般管理（珍藏版）	35.00	（法）亨利·法约尔
978-7-111-42276-1	经理人员的职能（珍藏版）	49.00	（美）切斯特 I.巴纳德
978-7-111-53046-6	转危为安	69.00	（美）W.爱德华·戴明
978-7-111-42247-1	马斯洛论管理（珍藏版）	50.00	（美）亚伯拉罕·马斯洛 德博拉 C. 斯蒂芬斯 加里·海尔
978-7-111-42275-4	Z理论（珍藏版）	40.00	（美）威廉 大内
978-7-111-45355-0	戴明的新经济观	39.00	（美）W. 爱德华·戴明
978-7-111-42277-8	决策是如何产生的（珍藏版）	40.00	（美）詹姆斯 G.马奇
978-7-111-52690-2	组织与管理	40.00	（美）切斯特·巴纳德
978-7-111-53285-9	工业文明的社会问题	40.00	（美）乔治·埃尔顿·梅奥
978-7-111-42263-1	组织（珍藏版）	45.00	（美）詹姆斯·马奇 赫伯特·西蒙